ユニバーサル・スタジオ・ジャパン 攻略MAP

ニューヨーク・エリア

【移動時間の目安】
- ①〜② 約3分
- ②〜③ 約3分
- ③〜④ 約3分
- ④〜⑤ 約3分
- ⑤〜⑥ 約3分
- ⑥〜⑦ 約3分
- ⑦〜⑧ 約2分
- ⑧〜⑨ 約2分
- ⑨〜⑩ 約4分
- ⑦〜⑧ 約4分
- ⑨〜⑩ 約11分

パークサービス　P114〜

- Ⓐ ゲストサービス（総合的なサービス）
- Ⓑ ファミリーサービス
- Ⓒ 迷子センター（ゲストサービス・ロビー）
- Ⓓ ベビーカー、車イスのレンタル
- Ⓔ ファーストエイド（救護室）
- Ⓕ ピクニックエリア
- Ⓖ ホームデリバリーサービス〈有料宅配サービス〉（スタジオギフト・イースト）
- Ⓗ 伝言サービス（ゲストサービス・ロビー）
- Ⓘ コインロッカー
- Ⓙ ATM
- Ⓚ スタジオ・インフォメーション（待ち時間が表示されたボード）
- Ⓛ 外貨両替機
- Ⓜ モバイルバッテリーレンタル
- ①〜㉒ トイレ
- ☆〜☆ インスタ映えスポット　P57・81

········· パレード（P12）のルート

USJ×鬼滅の刃　ショー／ライド／その他

	ショー	ライド	その他	
K1 鬼滅の刃×ハリウッド・ドリーム・ザ・ライド		○		P14
K2 鬼滅の刃 XRライド〜夢を駆ける無限列車〜		○		P15
K3 藤の花の食事処			◎	P16

クールジャパン　ショー／ライド／その他

	ショー	ライド	その他	
C1 僕のヒーローアカデミア ザ・リアル4-D	●			P17
C2 名探偵コナン・ザ・エスケープ〜100万ドルの序幕〜			◎	P17
C3 名探偵コナン×ハリウッド・ドリーム・ザ・ライド〜波乱の輸送機〜		○		P17
C4 名探偵コナン・ミステリー・レストラン			◎	P17
C5 モンスターハンターワールド:アイスボーン XR WALK			◎	P17

アトラクション　ショー／ライド／その他

	ショー	ライド	その他	
N1 パワーアップバンド・キーチャレンジ			◎	P2
N2 マリオカート〜クッパの挑戦状〜		○		P4
N3 ヨッシー・アドベンチャー		○		P6
1 NO LIMIT! パレード			●	P12
2 ハリー・ポッター・アンド・ザ・フォービドゥン・ジャーニー		○		P30
3 フライト・オブ・ザ・ヒッポグリフ		○		P31
4 ホグワーツ・キャッスルウォーク			◎	P32
5 野外ステージショー（ハリポタ・エリア）	●			P34
6 ワンド・マジック	●			P35
7 ミニオン・ハチャメチャ・ライド		○		P40

デリバリーはショップ内にある

〈ハリポタ・エリア〉
ウィザーディング・ワールド・オブ・ハリー・ポッター

ミニオン・パーク

ジュラシック・パーク

ハリウッド・ムービー・メーキャップ

ビレッジ

ウォーター・ワールド

スーパー・ニンテンドー・ワールド
〈ニンテンドー・エリア〉

コング・カントリー
年春オープン

*1:ゲート外にあるので、入園前と退園後しか利用できない

プランづくりや持ち歩きに便利な書き込み用MAPのダウンロードはこちら!

https://bit.ly/kosaido-pub_USJ2024
パスワード Pfhi7B6ra

新エリア〈ドンキーコング・カントリー〉が
オープンしたら、 入れない日もある!?

最新〈ニンテンドー・エリア〉に絶対入れる安心テク！

その日の混雑状況にもよるが、原則として〈ニンテンドー・エリア〉へは、
「エリア入場確約券」か「エリア入場整理券」がないと入場できない。
「楽しみにしてきたのに入れない」なんてことがないように、確実な方法をご紹介！

① 公式アプリを使って無料の エリア入場整理券を取得

事前にUSJの公式アプリをダウンロードしておけば、エリアに入るための入場整理券（e整理券）を来場当日のパーク内であれば、**いつでもどこでも無料で取得可能**（P18）。

また、〈ニューヨーク・エリア〉の「セントラルパーク」へ行けば、入場整理券発券所がある。取得時点で提示される候補から、希望の時間帯を選び、その時間帯内に入場。その後は閉園まで滞在できるが、一度エリアを出てしまうとフリー入場の時間帯以外は再入場できないので注意が必要だ。

現在、外国人観光客殺到で**平日も休日も9〜11時頃に入場整理券の配布が終了**することもしばしば。しかし、**ドンキーコング・カントリーオープン後は取りやすくなるだろう**。〈ニンテンドー・エリア〉への入場整理券発行枚数は、推定1.3〜1.5倍になると予想されるからだ。整理券配布終了時刻を、ネットでマメにチェックしておこう。

⚠️ **ドンキーコング・カントリーへの入場は、〈ニンテンドー・エリア〉への「エリア入場確約券」「エリア入場整理券/抽選券」が必要となる。**

② 朝イチはフリー入場OK！

開園直後の約15〜30分間は、入場整理券が必要ないフリー入場になることが多い。

③ 有料のEパスを購入する

Eパス（P100）のなかには、人気エリアのアトラクションを指定対象に含み、**入場確約券が付いたものもある**。

④ JTBかJR西日本の ツアー商品を購入する

JTBがあつかうUSJの旅をテーマにしたツアーかJR西日本で販売している「**USJスタジオ・パス**」込みのツアーなら、入場確約券を入手できる。また、JTBでオフィシャルホテルの対象プランを予約すれば、パーク開園の**15分前に入園が可能**な「アーリー・パークイン」（P116）が特典で付いてくる。

⑤ エリア入場抽選券に賭ける

エリア入場整理券発券終了後に、エリア入場抽選券が発券される。ただし、こちらはあくまで抽選に当たらなければエリアに入れない。**当たる確率もかなり低い**。

〈ハリポタ・エリア〉（P28）で、この整理券が必要なことも

基本的には終日フリー入場が可能だが、混雑時間帯のみ整理券を発行している。
以前、《キャッスル・ショー》（P33）が開催された際は、混雑対策のために、**遅い時間でも整理券が必要となったことが多かった**。行く日と時間帯に注意しよう。

エリア ニンテンドー・

自分がマリオになって敵を倒す
絶対にクリアできる攻略法はコレ！

MAP N1 パワーアップバンド・キーチャレンジ
パワーアップバンド対応

3つのカギを集めて
クッパJr.とのボス戦へ！

エリアにある5つのゲームで敵を倒し、カギをゲットしよう。カギが3つ集まれば、クッパ Jr. ファイナルバトルに挑むことができる。**自分の体すべてを使ってゲームをクリアしていく感覚が楽しい。**

ほとんど並ばずに買える
一番奥のカートをめざそう！

体験にはパワーアップバンド（全6種類、各4800円）が必要だ。入場ゲート前や、ゲートを入ってすぐのカート、エリア内のショップでも売られているが、**穴場は《マリオカート》(P4) 横のカート。**

> パワーアップバンドと公式アプリを連携してスタート！

ゲームの難易度

難しい ← Ⓐ・Ⓑ・Ⓒ・Ⓓ・Ⓔ → カンタン

---

1 まわせ！ クリボー・クルクルクランク
難易度 Ⓔ

1人でプレイする。手前のハンドルを力いっぱい回して、歩いているクリボーを倒そう。

> 出てきたクリボーが後ろに引っ込んだらクリア！

回す

攻略法
> 一番攻略が簡単。とにかく勢いよく回すだけ！

---

2 ねらえ！ ノコノコ・POWブロックパンチ
難易度 Ⓓ

1人でプレイする。土管を通り左右に移動するミドリこうらを、上のノコノコにぶつけよう。

① ゲームがスタートすると赤のPOWブロックが①〜③の順で光る。この時の光るテンポをおぼえておこう！

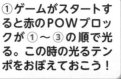

② 手前のPOWブロックをたたくとさっきのテンポで順番にPOWブロックが光る

③ ミドリこうらがここに来る時③のPOWブロックが光るよう①をたたく

攻略法
> POWブロックは、進むスピードが速いものと遅いものがある。しっかりとスピードを確認して、タイミングよくたたこう！

3 とめろ！ パックンフラワー・アラームパニック

難易度 C

3〜4人1組でプレイする。パックンフラワーを起こさないよう、次々に鳴り始めるアラームを止めよう。

攻略法 参加するメンバーで担当するアラームを分担し焦らずに止めよう！

12個のアラームがランダムに鳴る

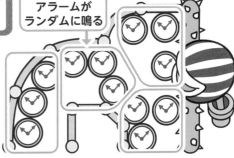

4 あつめろ！ ボムへい・バラバラパズル

難易度 B

3〜4人1組でプレイする。制限時間内に、爆発で壁に飛び散ったカギを真ん中に集め、バラバラに並んだカギの破片を元に戻そう。

② 破片が真ん中の画面に移動する

① 壁の割れ目にカギの破片が。光っている場所をタッチ！

③ 真ん中の画面に破片がすべて集まったら、丸い枠にきっちり収まるよう、パズルを完成させよう！

攻略法 どの壁を探すか、参加メンバー内で分担を決めると、効率的！

5 そろえろ！ ドッスン・フリップパネル

難易度 A

3〜4人1組でプレイする。タッチするとひっくり返る「！」と「？」のパネル。壁一面をどちらか片方のパネルでそろえよう。タイムオーバーになると、そろえていたパネルをドッスンにぐちゃぐちゃにされてしまう。

タッチするとパネルが反転する

赤い矢印が付いているパネルをタッチすると、矢印が指しているパネルも一緒に反転してしまうので注意！

攻略法 開始する前に参加するメンバー全員で、「！」か「？」のどちらのマークにそろえるのか意思を統一しておこう！

BOSS とりかえせゴールデンキノコ！ クッパJr.ファイナルバトル

1回に12人が参加する。画面に映る自分のシルエットを動かし、クッパJr.と戦い、ゴールデンキノコを取り返そう。

頭の上にハテナブロックが現れたら、ジャンプしてブロックをパンチ！アイテムをゲットしよう

出てくるアイテム

 ファイアフラワー 投げるモーションをすればファイアボールを発射！

スーパーキノコ 体が大きくなってパワーアップ！

スーパースター 無敵モード！ ふれたものすべてを攻撃できる！

その他降ってくるもの **ボムへい** 腕で振り払うモーションで避けよう

 コイン ゲットするとアプリに反映される

攻略法 ファイアフラワーを取ったら、左右の手を斜めに振りまくって、できるだけ多くのファイアボールを投げよう！

ニンテンドー・エリア

マリオとおそろいの帽子をかぶり こうらを投げて敵を撃退！

MAP N2 マリオカート ～クッパの挑戦状～

パワーアップバンド対応

大人気ゲーム『マリオカート』のレースが体験できる。パワーアップバンドと公式アプリを連携しておくとアトラクション内でコインを獲得でき、そのランキングが見られたり、デジタルスタンプをゲットできるなど、さらに楽しめる。

カートへは4人1組で乗車。ハンドルを切って運転できることに加え、ゲーム同様、**アイテムボックスからこうらをゲット**し、ハンドルの横のボタンで敵に投げつけることができる。こうらは自分の顔が向いているほうに飛んでいくので、上下左右を見渡して敵を見つけよう。

ゲームとライドの見事な融合！ 多少揺れるが子どもも楽しめる

アトラクションデータ

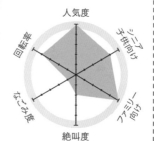

タイプ

ライド屋内

混雑度

A

攻略ツール

おもな制限事項

身長122cm以上
（付き添い有107cm以上）／
妊婦不可

子どもが怖がるポイント

待ち時間

時刻	平日	混む平日	休日	激混み
8	10	30	50	80
9	70	80	90	90
10	60	100	100	100
11	60	120	120	120
12	70	110	110	110
13	70	110	110	110
14	70	110	110	110
15	70	100	100	100
16	70	100	100	100
17	70	90	100	100
18	60	70	100	100
19	40	70	100	100
20	-	-	-	-

※〈ニンテンドー・エリア〉は入場制限を行なっているため、平日以外はほぼ同じ待ち時間になります。

 めざせ200コイン獲得！上級プロ！ **マリオカート攻略法**

200コインの高得点を取れば、「パーフェクトドライバー」のスタンプがもらえる。

❶ ハンドル操作

矢印が出ている間、その方向にハンドルを切り続けるとコインが3枚か5枚もらえる。矢印が出たらすぐにハンドルを切ろう！ **途中でハンドルを戻してしまうと、コインの獲得がストップする**ので、最後まで切り続けるのがコツ。

❷ スタートコインボーナス

レーススタートのカウントダウンで、**「2」が消えたらすぐハンドルの左右のボタンを両方長押し**しよう。スタートダッシュに成功するとコイン5枚獲得！

❸ チームマリオの仲間ではなくそれ以外にこうらを当てる

チームクッパを倒すアトラクションなので、**仲間のチームマリオのカートにこうらを当ててもコインはもらえない**。チームクッパのカートや敵にこうらを当てよう！

❹ 3連射

チームクッパのカートは、こうら3発で倒すことができる。また、こうらを当てた1回目は1コイン、2回目は2コイン、3回目は3コインが得られる。**連続で3発とも命中させれば、合計で6コインゲット**。連射して高得点を狙おう！

❺ 高得点キャラクターを狙おう！

巨大フィッシュボーン、サボテンのサンボの頭、火山に出現する巨大クッパにこうらを命中させると、他の場所よりもたくさんのコインをゲットできる！

コイン数	レベル名称	獲得スタンプ	必要テクニック
300	神様		
250	名人		①～⑤を完璧に行なう
200	上級プロ	パーフェクトドライバー	①＋②＋③＋④＋⑤
150	プロ		①＋②＋③
100	アマチュア	グッドドライバー	①

マリオカート得点ポイント!!

マリオカートは、ゲスト自身がハンドルを握ってカートを操作したり、アイテムを拾って敵に投げつけたりできるアトラクションだ。レース展開や勝敗はあなたしだい! 攻略ポイントを事前にチェックして、チームクッパに勝利しよう。

START

①練習ステージ

スタートする前に、こうらを撃つ(投げる)練習タイムがある。何発でも撃てるので、しっかり練習しよう!

MARIOKART

②クッパ城ステージ

スタートはクッパ城から。しっかりスタートダッシュを決めてコインを5枚獲得しよう。このステージはハンドル操作のみなので、ハンドル操作に全集中!

④水中ステージ

大きなフィッシュボーン(骨の魚)が大量に襲ってくる。高得点ゾーンなのでこうらを連射しよう。

③パックンフラワーの土管ステージ

こうらを投げる実戦はここからスタートだ。しっかり狙ってチームクッパをやっつけよう。

⑤お化け屋敷

右側にサボテンのサンボが出現。頭に当てると5コインゲットだ!

⑧レインボーロード

⑥雲のステージ

チームクッパたちが上にも出現! しっかりと上も見てこうらを投げよう。

⑦火山のステージ

火山のなかから巨大クッパが出現! こうらを連射しよう。

最終ステージだ。こうらを投げまくろう!

GOAL

エリア
ニンテンドー・

発車直後はコンドルを見つけるべし！
ファミリー向けの癒やし系ライド

MAP N3 ヨッシー・アドベンチャー

パワーアップバンド対応

ライド中の写真、動画撮影が認められている**アトラクション**だ。ゲームの世界観を再現した景色を撮影するにはピッタリ。また、じつはライド直後の上り坂の右側にいるコンドル付近から撮影されているので、ポーズを決めよう！　ただし、ほとんどが屋外なので、雨の時は避けたい。

パワーアップバンドと公式アプリを連携しておくと、**デジタルスタンプをゲット**できる。

アトラクションに乗りながら自撮りができるのはここだけ

アトラクションデータ

人気度 / シニア・子供向け / ファミリー向け / 絶叫度 / なごみ度 / 回転率

タイプ

ライド屋外

混雑度

B

攻略ツール

E-PASS / よやくのり / CS / SR

おもな制限事項

身長122cm以上
（付き添い有92cm以上）／
妊婦不可

子どもが怖がるポイント

暗　高　速　怖

音　落　振　揺

待ち時間

時刻	平日	混む平日	休日	激混み
8	10	20	20	30
9	10	20	20	60
10	30	40	40	70
11	30	60	60	90
12	30	60	60	90
13	40	60	60	90
14	40	70	70	90
15	50	80	80	90
16	50	80	80	90
17	40	70	70	70
18	30	60	60	60
19	20	50	50	50
20	-	-	20	50

ゆっくり食事を楽しむか
時短したいかで選ぼう！

MAP N1 キノピオ・カフェ

**エリアのレストランはここだけ
お昼の混雑時は整理券制に**

USJ限定のキャラクター「シェフキノピオ」が腕をふるうカフェレストラン。店内は、厨房で働くキノピオたちの映像が流れるなど楽しい工夫がいっぱい！

お昼の混雑時は整理券が必要になることが多い。確実に利用したいなら、**早めに店頭で整理券をゲット**しておこう。

食べるのがもったいない！

ハテナブロック・ティラミス

MAP N2 ヨッシー・スナック・アイランド

**手早く食事を済ませたい人向き
座席はないので注意！**

《ヨッシー・アドベンチャー》の出口のすぐ横にあるスナック・スタンド。座って食べたい人は《マリオカート》（P4）前のイスで。

見た目以上の食べごたえ！

こうらのカルツォーネ
〜焼きそば＆チーズ〜

ゲームの世界とさらに一体になれる！人気キャラなりきりグッズが勢ぞろい

MAP N1 ワンナップ・ファクトリー

マリオグッズの品ぞろえNo.1

「キノコ王国のおもちゃ工場」がテーマのショップ。マリオやルイージだけでなく、幅広いキャラクターのなりきりグッズが充実している。

マリオやルイージになりきれる！

MAP N2 マリオ・モーターズ

マリオカートのグッズが豊富！

《マリオカート》（P4）の出口に直結している。Tシャツやバッグなど、マリオカートをイメージしたグッズが充実。

エリア内には人気キャラクターとのフォト・オポチュニティもある！

マリオ・カフェ＆ストアもあるよ！→P68

コインとデジタルスタンプの楽しみ方講座

〈ニンテンドー・エリア〉で獲得できるコインやデジタルスタンプはどうやって楽しめばいい？
エリアが10倍楽しくなる通な遊び方をご紹介！

コイン

コインを集めてランキング上位を目指そう！

パワーアップバンドを付けてこのエリア内で獲得条件を満たすと、マリオがゲーム内で集めているコインを実際に集めることができる。また、パワーアップバンドと公式アプリを連動しておけば、獲得したコインの数を確認することも可能だ。

エリア内や公式アプリでは、**コイン獲得ランキング**を発表していて、たくさんコインを集めれば、**自分の名前が掲載される**。

コイン獲得方法

- ハテナブロック、POWブロック、レンガブロックをたたく
- ミッションをクリアし、デジタルスタンプを手に入れる
- スロットマシンで遊ぶ
- 《マリオカート》でレースに参加する
- 「クッパJr.ファイナルバトル」をクリアする
- 《キノピオ・カフェ》入口に行く

デジタルスタンプ

集めて楽しいだけでなく待機列の暇つぶしにも！

パワーアップバンドと公式アプリを連携し、ある条件をクリアすると「デジタルスタンプ」をゲットできる。スタンプは**全170種類**あり、それぞれ獲得条件が異なるため、**コンプリートはなかなか難しい**。

そこで、本書ではUSJ公式アプリの内容よりもふみ込んで、獲得条件を具体的に解説した攻略リストを独自に作成し、次のページに掲載している。それを手に、いざスタンプ集めに出かけよう！

また、**アトラクションの待機列で探せる**ものもあるので、子ども連れのゲストは、子どもたちの退屈しのぎにも使える。

〈ニンテンドー・エリア〉
デジタルスタンプ全170種類攻略リスト

目標を達成すれば自動的に入手できる

スタンプ名	コイン	獲得条件
ゴールデンスター	200	ゴールデンキノコ、ゴールデンカップ、ゴールデンタマゴのスタンプを全部集める
アイテムコレクター	125	全部のアイテムのスタンプを集める
クラウン	100	同じ絵柄のパワーアップバンド同士でチームになっており、1時間単位のコイン平均獲得枚数を競うランキングで自分のチームが1位になる
ロイヤリティ	125	1日に複数のクラウンを獲得する
冒険者	200	スーパーマリオ・ランドのマップ上の全アクティビティを達成する
「スーパーマリオブラザーズ」ファン	100	「スーパーマリオブラザーズ」の隠しキャラクターを全部見つける
カギコンプリート	80	キーチャレンジ5つすべてをクリアする

集めたコインの合計枚数によって入手できる

スタンプ名	コイン	獲得条件
コインハンター	35	これまで集めたコインが合計5000枚になる
コインコレクター	65	これまで集めたコインが合計25000枚になる
コインマスター	125	これまで集めたコインが合計100000枚になる

ランキングの順位によって入手できる

スタンプ名	コイン	獲得条件
今日のトップ1000	125	「今日」のランキングでトップ1000入りを達成する
今日のトップ10	175	「今日」のランキングでトップ10入りを達成する
影のトップ1000	125	クッパJr.ファイナルバトルのランキングでトップ1000入りを達成する
影のトップ10	175	クッパJr.ファイナルバトルのランキングでトップ10入りを達成する
トップ1000レーサー	125	マリオカートのランキングでトップ1000入りを達成する
トップ10レーサー	175	マリオカートのランキングでトップ10入りを達成する

〈ニンテンドー・エリア〉来場時期によって入手できる

スタンプ名	コイン	獲得条件
冬の色	15	12月～2月の間に訪れる
春の訪れ	15	3月～5月の間に訪れる
夏の思い出	15	6月～8月の間に訪れる
ハロウィン	55	10月に訪れる
秋の香り	15	9月～11月の間に訪れる
クリスマス	55	12月に訪れる
ニューイヤー	65	1月1日～15日の間に訪れる
オープン記念月間！	125	エリアがオープンした3月にエリアに訪れる

キノピオ・カフェ

スタンプ名	コイン	獲得条件
カブ	35	キノピオのギフトボックスでカブを手に入れる
スーパーこのは	35	キノピオのギフトボックスでスーパーこのはを手に入れる
1UPキノコ	65	キノピオのギフトボックスで1UPキノコを手に入れる
スーパードングリ	35	キノピオのギフトボックスでスーパードングリを手に入れる
スーパーベル	35	キノピオのギフトボックスでスーパーベルを手に入れる

ワンナップ・ファクトリー

スタンプ名	コイン	獲得条件
隠しジュゲム	55	ジュゲムを見つける

双眼鏡

スタンプ名	コイン	獲得条件
双眼鏡	25	キノコ王国を見渡す
ピクミンはどこだ？	65	ピクミンを見つける
ロゼッタはどこだ？	65	ロゼッタを見つける
隠れたカギ	100	隠れたカギを見つける（クッパJr.ファイナルバトルを一度クリアしたあとのみ獲得可能）
クッパ軍団はどこだ？	65	クッパ戦艦にいるクッパ軍団を見つける

チェックポイント

スタンプ名	コイン	獲得条件
チェックポイント	15	チェックポイントで自分のスコアを確認する

※スタンプ名、コイン、獲得回数、獲得条件は、USJ公式アプリ最新「v6.0.1」の内容です。アプリのバージョンによって、内容が少し変わることがあります。

音符ブロック

スタンプ名	コイン	獲得条件
音符ブロック	15	音符ブロックをたたく
赤色の音符ブロック	25	赤色に光る音符ブロックをたたいて音楽を完成させる
水色の音符ブロック	25	水色に光る音符ブロックをたたいて音楽を完成させる
黄色の音符ブロック	25	黄色に光る音符ブロックをたたいて音楽を完成させる
緑色の音符ブロック	25	緑色に光る音符ブロックをたたいて音楽を完成させる
ピンク色の音符ブロック	25	ピンク色に光る音符ブロックをたたいて音楽を完成させる
青色の音符ブロック	25	青色に光る音符ブロックをたたいて音楽を完成させる
マエストロ	100	赤、水色、黄、緑、ピンク、青色の全部を完成させる
秘密の黄色音符ブロック	50	黄色点滅の時に左から「5、5、6、5、1」でたたき、隠された音楽を完成させる
秘密の赤色音符ブロック	50	赤色点滅の時に左から「1、2、3、2」でたたき、隠された音楽を完成させる
秘密の水色音符ブロック	50	水色点滅の時に左から「1、6、5、1、6、5」でたたき、隠された音楽を完成させる

スロットマシン

スタンプ名	コイン	獲得条件
ビギナーズラック	25	スロットマシンに挑戦する
ギャンブラー	125	7回挑戦する
ラッキー4（スーパーこのは）	20	スーパーこのはを4つそろえる
ラッキー4（ヨッシーのタマゴ）	20	ヨッシーのタマゴを4つそろえる
ラッキー4（スーパーキノコ）	20	スーパーキノコを4つそろえる
ラッキー4（ファイアフラワー）	20	ファイアフラワーを4つそろえる
ラッキー4（スーパースター）	20	スーパースターを4つそろえる

〈ニンテンドー・エリア〉内

スタンプ名	コイン	獲得条件
レンガブロック	15	レンガブロックをたたく
ハテナブロック	15	ハテナブロックをたたく
POWブロック	25	POWブロックをたたく
ハテナブロックコンプリート	80	1日のうちに全部のハテナブロックをたたく
オールブロックコンプリート	100	〈ニンテンドー・エリア〉内の全部のブロックをたたく
パンチ好き	100	合計で250個のブロックをたたく
隠しキノピオ	55	キノピオ・カフェ横の階段下でベビーカー置き場で、キノピオを見つける
隠しピーチ姫	45	マリオカート近くにある階段の途中で、ピーチ姫を見つける

フォト・オポチュニティ

スタンプ名	コイン	獲得条件
ルイージに会おう！	35	マリオ＆ルイージと写真撮影し、話すことができたほうのキャラのスタンプのみもらえる
マリオに会おう！	35	
ピーチ姫に会おう！	35	ピーチ姫と写真撮影する
キノピオに会おう！	35	キノピオの写真撮影近くのクルーに声をかけるともらえる

まわせ！　クリボー・クルクルクランク

スタンプ名	コイン	獲得条件
クリボー・クルクルクランク	25	まわせ！　クリボー・クルクルクランクに挑戦する
クリボー・クルクルクランク・スペシャリスト	55	2回クリアする
クリボー・クルクルクランク・エキスパート	80	5回クリアする
クリボー・クルクルクランク・マスター	80	ハードモードをクリアする
クリボー・クルクルクランク・ボーナス	45	隠しボーナスを達成する
クリボーのカギ	35	クリアしてカギを獲得する

ねらえ！　ノコノコ・POWブロックパンチ

スタンプ名	コイン	獲得条件
ノコノコ・POWブロックパンチ	25	ねらえ！　ノコノコ・POWブロックパンチに挑戦する
ノコノコ・POWブロックパンチ・スペシャリスト	55	2回クリアする
ノコノコ・POWブロックパンチ・エキスパート	80	5回クリアする
ノコノコ・POWブロックパンチ・マスター	80	ハードモードをクリアする
ノコノコ・POWブロックパンチ・ボーナス	45	隠しボーナスを達成する
ノコノコのカギ	35	クリアしてカギを獲得する

スタンプ名：獲得できるスタンプの名前
コ イ ン：スタンプ獲得時、もらえるコインの数
獲得条件：スタンプ獲得に必要な条件

獲得できる回数
赤字：1回のみ／青字：1日1回／黒字：何度でもOK

とめろ！　パックンフラワー・アラームパニック

スタンプ名	コイン	獲得条件
パックンフラワー・アラームパニック	25	とめろ！　パックンフラワー・アラームパニックに挑戦する
パックンフラワー・アラームパニック・スペシャリスト	55	2回クリアする
パックンフラワー・アラームパニック・エキスパート	80	5回クリアする
パックンフラワー・アラームパニック・マスター	80	ハードモードをクリアする
パックンフラワー・アラームパニック・ボーナス	45	隠しボーナスを達成する
パックンフラワーのカギ	35	クリアしてカギを獲得する

あつめろ！　ボムへい・バラバラパズル

スタンプ名	コイン	獲得条件
スーパーキノコ	35	入口にあるゲームでスーパーキノコを手に入れる
ファイアフラワー	35	入口にあるゲームでファイアフラワーを手に入れる
スーパースター	65	入口にあるゲームでスーパースターを手に入れる
アイスフラワー	35	入口にあるゲームでアイスフラワーを手に入れる
隠しマリオ	45	入口右側で「スーパーマリオブラザーズ」のマリオを見つける
隠しクリボー	45	待機列で「スーパーマリオブラザーズ」のクリボーを見つける
隠しクッパ	45	待機列で「スーパーマリオブラザーズ」のクッパを見つける
隠しルイージ	45	待機列で「スーパーマリオブラザーズ」のルイージを見つける
縮んでパンチ	35	待機場所の最後にある巨大ハテナブロックをたたく
ボムへい・バラバラパズル	25	あつめろ！　ボムへい・バラバラパズルに挑戦する
ボムへい・バラバラパズル・スペシャリスト	55	2回クリアする
ボムへい・バラバラパズル・エキスパート	80	5回クリアする
ボムへい・バラバラパズル・マスター	80	ハードモードをクリアする
ボムへい・バラバラパズル・ボーナス	55	隠しボーナスを達成する
ボムへいのカギ	35	クリアしてカギを獲得する

そろえろ！　ドッスン・フリップパネル

スタンプ名	コイン	獲得条件
隠しノコノコ	45	待機列で「スーパーマリオブラザーズ」のノコノコを見つける
ドッスン・フリップパネル	25	そろえろ！　ドッスン・フリップパネルに挑戦する
ドッスン・フリップパネル・スペシャリスト	55	2回クリアする
ドッスン・フリップパネル・エキスパート	80	5回クリアする
ドッスン・フリップパネル・マスター	80	ハードモードをクリアする
ドッスン・フリップパネル・ボーナス	55	隠しボーナスを達成する
ドッスンのカギ	35	クリアしてカギを獲得する

とりかえせゴールデンキノコ！　クッパ Jr. ファイナルバトル

スタンプ名	コイン	獲得条件
クッパ Jr. への挑戦	65	入口でクッパ Jr. の隠れ家に入るためのカギを3つ集める
クッパ Jr. の宝箱	25	待機列でクッパ Jr. の宝箱を見つける
クッパ Jr. ブロック	25	待機列でクッパ Jr. ブロックをたたく
パタブロック	25	パタブロックをたたく
ファイアボール使い	25	ファイアボールを敵に当てる
パタパタをやっつけろ	25	パタパタを撃退する
パックンフラワーをやっつけろ	35	パックンフラワーを撃退する
ゴールデンキノコ	65	クッパ Jr. ファイナルバトルで勝利する
クッパ Jr. ファイナルバトル・スペシャリスト	55	2回クリアする
クッパ Jr. ファイナルバトル・エキスパート	100	5回クリアする
パーフェクト	175	一度もダメージを受けずにクリアする
チームワーク！	100	グループの平均コイン獲得枚数が20枚を超える
クッパ Jr. ファイナルバトル・ヒーロー	125	グループ内の最高スコアを出す
30コイン達成	15	ここでコインを1回の挑戦で30枚獲得する
55コイン達成	40	ここでコインを1回の挑戦で55枚獲得する
トータル100コイン達成	55	ここで獲得したコインが合計100枚以上になる
トータル300コイン達成	80	ここで獲得したコインが合計300枚以上になる

マリオカート

スタンプ名	コイン	獲得条件
ゴールデンカップ	65	マリオカートに乗る
スタートコインボーナス	65	レースのスタート時に隠されたコインを獲得する
チームマリオ！	100	チームマリオのメンバーに、自分がこうらを一度も当てずにレースを終える
マリオカート・スペシャリスト	55	マリオカートに2回乗る
マリオカート・エキスパート	125	マリオカートに5回乗る
隠しブロック1	45	パックンフラワーの土管ステージで隠しブロックを見つけ、こうらを当てる
隠しブロック2	45	水中ステージで隠しブロックを見つけ、こうらを当てる
隠しブロック3	45	水中ステージでフィッシュボーンの魚群に潜んだブロックを見つけ、こうらを当てる
隠しブロック4	45	お化け屋敷で隠しブロックを見つけ、こうらを当てる
隠しブロック5	45	雲のステージで隠しブロックを見つけ、こうらを当てる
隠しブロック6	45	火山のステージで隠しブロックを見つけ、こうらを当てる
隠しブロック・コンプリート	125	コースの隠しブロックを全部見つけ、こうらを当てる
ビギナー・シューター	15	チームクッパに「続けて3回」こうらを当てる
アマチュア・シューター	35	チームクッパに「続けて10回」こうらを当てる
プロフェッショナル・シューター	65	チームクッパに「続けて20回」こうらを当てる
チームクッパ！	125	クッパとクッパの手下7人全員にこうらを当てる
ご立腹のクッパさま	65	クッパに合計10回こうらを当てる（当てた回数はもち越せる）
大激怒のクッパさま	100	クッパに合計25回こうらを当てる（当てた回数はもち越せる）
パタパタ5	25	パタパタに合計5回こうらを当てる（当てた回数はもち越せる）
テレサ5	25	テレサをARゴーグル越しに見つめて5回やっつける（やっつけた回数はもち越せる）
プクプク5	25	プクプクに合計5回こうらを当てる（当てた回数はもち越せる）
メガフィッシュボーン	100	メガフィッシュボーンに合計20回こうらを当てる（当てた回数はもち越せる）
マグマクッパ	100	マグマクッパに合計20回こうらを当てる（当てた回数はもち越せる）
ドリフト・スペシャリスト	15	3回続けてハンドル操作を成功させ、成功したときにもらえるコインをすべて獲得する
ドリフト・エキスパート	35	レース中、12回以上のハンドル操作を成功させる
ドリフト・マスター	65	すべてのハンドル操作を成功させる
グッドドライバー	25	1回のレース中にコインを100枚獲得する
パーフェクトドライバー	65	1回のレース中にコインを200枚獲得する
マリオカート・コインゲッター	100	獲得したコインが合計500枚以上になる
マリオカート・コインマスター	150	獲得したコインが合計1000枚以上になる
ナンバー1レーサー	250	同じカートに乗ったゲストの中で最も多くコインを獲得する
オンリー1レーサー	65	同じレースに出場したゲストの2台のカートの中で最も多くコインを獲得する
残念賞	25	1位になれずにフィニッシュする（マリオかクッパが1位になる）
第1位	100	1位でゴールする
トロフィーハンター	125	2回1位でゴールする
プロレーサー	150	5回1位でゴールする

ヨッシー・アドベンチャー

スタンプ名	コイン	獲得条件
ゴールデンタマゴ	65	ライド中にゴールデンタマゴをゲットする
タマゴ（青）	15	待機列でタマゴブロックをたたいて青色のタマゴをゲットする
タマゴ（緑）	15	待機列でタマゴブロックをたたいて緑色のタマゴをゲットする
タマゴ（ピンク）	15	待機列でタマゴブロックをたたいてピンク色のタマゴをゲットする
タマゴ（紫）	15	待機列でタマゴブロックをたたいて紫色のタマゴをゲットする
タマゴ（赤）	15	待機列でタマゴブロックをたたいて赤色のタマゴをゲットする
タマゴ（黄）	15	待機列でタマゴブロックをたたいて黄色のタマゴをゲットする
エッグ・セレント！	125	6色全部のタマゴをゲットする
ヨッシー・スペシャリスト	55	2回ライドする
ヨッシー・エキスパート	125	5回ライドする
ヨッシーのフルーツバスケット	45	待機列でヨッシーのフルーツバスケットからヨッシーの大好きなフルーツを手に入れる

2024年春オープン！
ドンキーコング・カントリー
徹底攻略!!

2024年春、〈ニンテンドー・エリア〉内にオープン予定のドンキーコング・カントリー。その情報を独自のリサーチを元に、どこよりも早くお届け！ 緑がうっそうと茂ったジャングルや、そのなかをトロッコに乗って駆け抜けるアトラクションは、ゲームの世界観そのままだ。

大注目のライド・アトラクション！

★ゲームの世界完全再現で大混雑必至！
★Eパスやシングルライダーを活用しよう

ドンキーコングの
クレイジー・トロッコ

　タル大砲で「黄金のしんでん」から飛び出し、トロッコで広大なジャングルを走り抜ける！ ゲーム内に登場するトロッコを完全再現したこのアトラクションは、途切れたレールをジャンプするなど、予測不能な体験の連続。ライドにはハンドルが付いていて、どんな操作ができるのかも楽しみだ。

　トロッコは1台4人乗りで、1時間で約960人乗車可能となりそうだ。そうなると、《マリオカート》の約半分の回転率となり、回転率が悪く大混雑が予想される。Eパスかシングルライダーを活用すれば、待ち時間を大幅短縮することができるだろう。

> 絶叫系コースターではなく
> ファミリー向けのコースター

アトラクションデータ

人気度 / シニア子供向け / ファミリー向け / 絶叫度 / なごみ度 / 回転率

おもな制限事項

未定

子どもが怖がるポイント

暗　高　速　怖
音　落　振　揺

タイプ

ライド屋外

混雑度

A

攻略ツール

 ここにも注目！ 達人テク

ドンキーコングやディディーコングのパワーアップバンドの発売も発表された。コンガ（太鼓）をたたいたり、おなじみの「K」「O」「N」「G」のアルファベットを集める遊びができる。パワーアップバンドがあれば、もっとエリアを楽しめる。

USJのツボ
大予想！

ドンキーコング・カントリーに
絶対入れる&効率よく遊べる攻略法

話題の新エリアというだけあって、大混雑必至！　入場にも制約がかかる可能性が高い。そんななか確実にエリアに入るにはどうすればよいのか？　過去の新エリアオープン時に用いられた入場方法や、ドンキーコング・カントリーのアトラクションの内容などを考慮し、絶対入れる＆効率よく遊べる攻略法を予想してみよう。

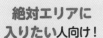
攻略法 1 　入場のカギとなる〈ニンテンドー・エリア〉への入場券

ドンキーコング・カントリーは〈ニンテンドー・エリア〉内にあるため、〈ニンテンドー・エリア〉の「入場確約券」もしくは、「入場整理券／抽選券」が必要となる。かならずゲットしよう！

絶対エリアに入りたい人向け！	お得に楽しみたい人向け！	USJ以外も楽しみたい人向け！
1 Eパスセットを購入	**2** エリア入場整理券を入手もしくは朝イチを狙う	**3** JTBかJR西日本のツアー商品を購入

1 〈ニンテンドー・エリア〉の「入場確約券」が付いているEパスを購入すれば、確実にドンキーコング・カントリーへも入ることができる。

2 入園の当日、セントラルパークの発券機で発券される無料の整理券や、整理券の発券終了後、当選すれば入場できる抽選券の発券も予想される。**整理券は先着順**だ。新エリアオープン当初は、平日・休日にかかわらず、**9～11時頃で整理券配布終了**が予想される。また、開園直後の約15～30分間は入場整理券不要のフリー入場なので、朝一入場を狙うのもいいだろう。

3 JTBがあつかうUSJを含むツアーか、JR西日本管内の駅で販売される「USJスタジオ・パス」付きツアーを購入すれば、**入場確約券をゲット**できるだろう。

攻略法 2 　《キノピオ・カフェ》の整理券をゲットしておくと食事は安心

〈ドンキーコング・カントリー〉内はフード＆レストランが少ないので、〈ニンテンドー・エリア〉の従来スペースにある《キノピオ・カフェ》の入店整理券を早めにもらっておくと、食事時、**レストラン難民にならずに済む。**

観覧場所でふれ合えるキャラが変わる 4度のチャンスを逃すな！

MAP 1 NO LIMIT! パレード

このパレードは見るだけでなく、ゲスト参加型のパレードだ。パレードルートの4カ所で「超NO LIMIT! タイム」という、ゲストがパレードに参加して踊りまくるダンスタイムが行なわれる。

ダンスタイム中は、ゲストが沿道から出てもOK。なので、**場所取りがとても重要**となる。

一番おすすめの場所はポケモンのフロート（下のマップ内⑧）が止まる地点だ。なぜならポケモンフロートは一番最後に現れるので、自分の観賞地点から、すべてのフロートを見てから、ダンスタイムに参加できるからだ。

> シャボン玉を使った
> 空中演出にも注目！

アトラクションデータ

人気度／シニア子供向け／ファミリー向け／絶叫度／なごみ度／回転率

おもな制限事項

—

開始時間／所要時間

14時〜（予定）／約50分

子どもが怖がるポイント

暗 高 速 怖
音 落 振 揺

タイプ

ショー屋外

混雑度

B

攻略ツール

E-PASS なし／よやくのり／CS／SR

ここにも注目！ 達人テク

小雨程度なら中止ではなく、「雨の日バージョン」のパレードが行なわれる。ダンスタイムはなく、フロートが通り過ぎるだけだが、普段は見られないキャラクターたちのかわいいレインコート姿は、機会があればぜひ見ておきたい。

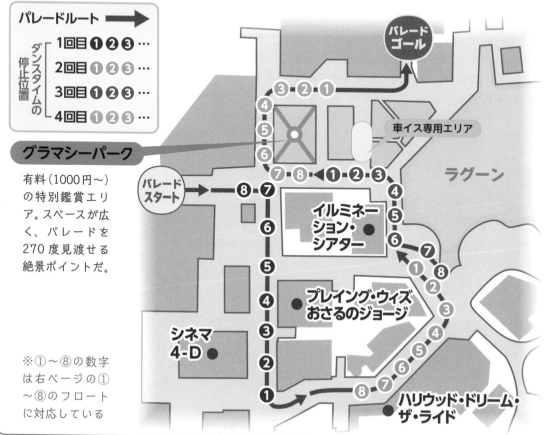

パレードルート →

ダンスタイムの停止位置
1回目 ❶❷❸…
2回目 ❶❷❸…
3回目 ❶❷❸…
4回目 ❶❷❸…

グラマシーパーク

有料（1000円〜）の特別鑑賞エリア。スペースが広く、パレードを270度見渡せる絶景ポイントだ。

※①〜⑧の数字は右ページの①〜⑧のフロートに対応している

パレードゴール

車イス専用エリア

ラグーン

パレードスタート

イルミネーション・シアター

プレイング・ウィズおさるのジョージ

シネマ4-D

ハリウッド・ドリーム・ザ・ライド

★ ★ ★

パレードの全貌を大公開!

新登場のポケモンをはじめ、USJおなじみの人気キャラクターたちが大集合! 一瞬たりとも見逃せない!

TOP

①モニターフロート
モニターに自分が
映るかも!?

②ハローキティ
キュートな
お花の
紙ふぶきが
舞う!

④ミニオンズ
グリーティングでは
会えない三姉妹にも
会える

⑤セサミストリート
後方ゴミ箱にいる
オスカーを見逃すな!

③スターピー
楽しいダンスに注目!

マフラーから吹き出す
煙がリアル!

⑥SING
映画のイメージ
さながらの
豪華な装飾

⑧ポケットモンスター
大迫力のリザードン!
フロート両サイドのポケ
モンたちにも注目!

⑦スーパーマリオ

LAST

ゲームに登場する
「レインボーロード」を完全再現!

特集 鬼滅の刃

あの大人気コラボが復活！

300分待ちを連発した！

USJ×鬼滅の刃

期間 **2024年2月1日〜6月9日**

2021年のコラボから3年……大人気アニメ『鬼滅の刃』がUSJに帰ってくる！ 大注目のこのコラボは、大人も子どもも楽しめる内容となっている。間違いなく2024年上半期のUSJを盛り上げるイベントになるだろう。

XRライドやハリドリ、レストランコラボも復活！

満足度99％を記録し、大人気だったXRライドが期間限定で復活する。鬼滅の刃は日本人だけでなく、海外観光客からの人気も高いため、大混雑が予想される。

その他、ハリドリやラリーレストランとのコラボも復活。**作品のファンだけでなく、ファミリーみんなで楽しめる内容になっている。**

絶対ゲットしたいグッズやコラボフードも目白押し！

前回大人気だった禰豆子のポップコーンバケツだけでなく、煉獄の「うまい！」というセリフを生んだ**牛鍋弁当**を再現したものや、キッズメニューなど盛りだくさん。その他、キャラのカチューシャやコスプレグッズなど、ここでしか手に入らないグッズにも注目だ。**事前にチェックして、買い逃したくないものは早めに購入しよう。**

キャラのにぎやかなかけ合いが楽しい
ストーリー・コースター

MAP K1 鬼滅の刃×ハリウッド・ドリーム・ザ・ライド

21 《ハリウッド・ドリーム・ザ・ライド》（P60）の場所で開催。鬼滅の刃の主人公・炭治郎があやしい「鉄の塊」に乗り込んでしまった……という設定だ。

登場するキャラクターは、期間によって異なるので要注意！ 2024年2月1日〜4月7日は炭治郎と煉獄、4月25日〜6月9日は炭治郎と禰豆子、善逸、伊之助が登場する。

全集中でスリル体験を楽しもう！

アトラクションデータ

（レーダーチャート：人気度／シニア・子供向け／ファミリー向け／絶叫度／なごみ度／回転率）

おもな制限事項

身長132cm以上／妊婦不可／体調不良要相談

子どもが怖がるポイント

暗 高 速 怖
音 落 振 揺

タイプ

ライド屋外

混雑度

A

攻略ツール

E-PASS　よやくのり　CS　SR

ここにも注目！ 達人テク

もともと人気アトラクションということもあり、コラボ期間はさらなる混雑が予想される。とくに休日は、待ち時間が100分超えになることも多いので、朝イチを狙うか、Eパス、シングルライダーなどの攻略ツールの活用が必須だろう。

不滅の炎、再び！
Eパスなしなら開園直後を狙うべし

MAP K2 鬼滅の刃 XRライド ～夢を駆ける無限列車～

コースターの重力とスピード感にXRテクノロジーが加わり、**360度どこを見ても『鬼滅の刃』の世界**だ。炭治郎たちに守られながら鬼たちを突破するスリルと興奮を全身で体感できる。

26《スペース・ファンタジー・ザ・ライド》（P64）の場所で開催。行列は絶えないが、混雑する時間帯を避ければ待ち時間を短縮することができる。**開園してすぐであれば、比較的空いている**可能性が高い。また、限定発売されるXRライドを含むEパス（P100）を利用すれば、ほぼ待たずにライドできる。

乗りもの酔いしやすい人は 映像酔いする可能性も

アトラクションデータ

人気度／ジュニア・子供向け／ファミリー向け／絶叫度／なごみ度／回転率

おもな制限事項

身長122cm以上／妊婦不可

子どもが怖がるポイント

暗 高 速 怖 音 落 振 揺

タイプ

ライド屋内

混雑度

A

攻略ツール

ここにも注目！ 達人テク

XRライドとは、USJの技術と創造力で開発された、超現実を体感できるライド・アトラクション。VRにより目の前に広がる超リアルな世界と、疾走するライドの重力感などが完璧にシンクロし、テーマパークならではのワクワクが体験できる。

❶

みなさん、こんにちは
炭治郎、善逸、伊之助の3人が無限列車へと案内してくれる

❷

あやしい鬼の影にハラハラ……乗車口までの通路や窓などにも細かな仕掛けが

❸

炭治郎と禰豆子が魘夢から守ってくれる

❹

煉獄と猗窩座も登場！大迫力のバトルの行く末を見届けよう

特集 鬼滅の刃

パーク内に隠されたヒントを探せ！
親子で楽しめる鬼殺隊入隊訓練

鬼殺隊特別訓練ラリー

パークを歩き回り、謎を解いていくラリー。子どもも大人も参加できるが、参加には有料の冊子が必要となる。各日販売数が決まっているが**売り切れることはほぼないだろう。** 2021年開催時は毎日空いており、その時同様、今回も空くと予想されるので、急いで冊子を買いに走らなくても大丈夫だ。

クリアすると自分に合った呼吸が見つかる！

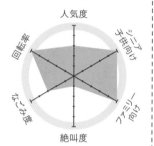

アトラクションデータ

人気度／シニア／子供向け／ファミリー向け／絶叫度／なごみ度／回転率

場所

パーク内

別料金

1200円
（ミッション冊子の購入が必要。販売場所はスペース・ファンタジー・ステーション前カートなど）

タイプ

ラリー屋外

混雑度

★ D

攻略ツール

E-PASS なし／おやくのり／CS／SR

ここにも注目！ 達人テク

USJのラリーをクリアした特典はいつも、特別なエンディングショーの参加権を得られるか、オリジナルグッズがもらえるかの2パターンだが、今回は自分が習得した「呼吸の腕章」がもらえる。作品のファンならたまらないはず。ぜひゲットしてほしい。

世界観重視のレストランとしても
フォトスポットとしても注目！

MAP K3 藤の花の食事処

鬼殺隊しか入れない食事処で作品の世界観を食で味わう

柱への敬意が込められた豪華な御膳や**大正時代を思わせるデザート**などが味わえる。料理以外にも炭治郎をイメージさせる市松模様のふすまや、柱のシンボルがデザインされた壁など、見どころ満載だ。

リアルな冨岡義勇や胡蝶しのぶに会える！

食事処の奥には、冨岡義勇と胡蝶しのぶの姿が。クロノイドという精巧な人形で再現されていて、近くで見てもまるで人間のようだ。**アニメから飛び出してきたようなリアルな2人**に、大興奮間違いなし！

混雑度

★ C

場所

10 SAIDO

別料金

フォトオポチュニティでは自分のカメラで1枚、クルーカメラで2枚撮影可能。クルーが撮影した写真は有料で、2400円が必要

作品の登場人物になったような気分を味わえる！

「ヒロアカ」が初登場！

ユニバーサル・クールジャパン2024

期間 **2024年3月1日〜6月30日**

毎年恒例のイベントが今年も開催！　日本発のエンターテイメントを、"超リアル"に、生身で感じることができる大人気イベントだ。今回は『僕のヒーローアカデミア』、『名探偵コナン』、『モンスターハンター』の3作品が登場する。

僕のヒーローアカデミア

クールジャパン初登場の『僕のヒーローアカデミア』は、子どもだけでなく大人にも大人気だ。**個性大爆発のバトルを4-Dでリアル体験できる。**アトラクションだけでなく、コラボフードやグッズにも注目！

MAP C1　僕のヒーローアカデミア・ザ・リアル 4-D

名探偵コナン

クールジャパン常連のコナンが今年も登場！　今回は2024年公開の劇場版『名探偵コナン 100万ドルの五稜星(みちしるべ)』とタイアップしていて、平次や怪盗キッドの姿も。大人気の《コナン・ザ・エスケープ》と《ミステリー・レストラン》は事前チケットの購入が必要だ。

MAP C2　名探偵コナン・ザ・エスケープ〜100万ドルの序幕(プロローグ)〜
MAP C3　名探偵コナン×ハリウッド・ドリーム・ザ・ライド 〜波乱の輸送機(プライベートジェット)〜
MAP C4　名探偵コナン・ミステリー・レストラン

2024年春 レギュラー アトラクションも 誕生！（P20）

モンスターハンター

ゲーム『モンスターハンターワールド：アイスボーン』の世界をVR映像×特殊効果で完全再現。**モンスターはもちろん景色もリアルで、**崖を歩いている時は思わず足がすくむほどだ。**XR WALKは有料。**

MAP C5　モンスターハンターワールド：
アイスボーン XR WALK

知らなきゃやばい!!

USJ攻略法を激変させた 新 公式アプリ

いつでもどこでも発券OK 動きのロスを一挙に解消!

待ち時間を短縮できる整理券類の取得には、これまでは利用者全員で発券機の列に並ぶ必要があった。発券機への回り道も列に並ぶ時間も、攻略上かなりイタい! しかし、新しい公式アプリでは、それらの「e整理券」を、来場当日のパーク内ならいつでもどこでも取得できるだけでなく、**代表者1名がまとめて取れる**ので便利。紛失の恐れもない。

当日の動きを一変させた 「e整理券」って何?

期間限定アトラクションに並ばず乗れる「**アトラクション整理券**」、人気のエリアへ確実に入ることができる「**エリア入場整理券**」、〈ワンダーランド〉のアトラクションに並ばず乗れる「**よやくのり**」は、いずれもこれまでは発券機でしか取得できなかった。「e整理券」とは、これら3つをいつでもどこでも発券、一覧、管理できる機能だ。

前日までに準備しておくこと

STEP1

「ユニバーサル・スタジオ・ジャパン 公式アプリ」ダウンロード&インストール

すでにアプリをダウンロードしている人も、**最新のバージョンをインストール**しておく必要がある。確認しておこう。

STEP2

動作確認をしておく

全体マップや、アトラクションの待ち時間が表示されるかなど、正常に動くかどうかを確認しておこう。

STEP3

入場券を登録する

もっているスタジオ・パス、年間パスのQRコードを登録しておく。まとめてe整理券を取るには、**友だちや家族の分も登録**しておこう。

入場券の登録方法

アプリ内「e整理券」から「入場券を登録する」を選ぶ

入場券の登録は、**かならず前日まで**に済まそう。①アプリのホーム画面中央にある「e整理券」をタップ。②「入場券を登録する」を選ぶ。

入場券を事前登録しておけば、e整理券取得などがスムーズに!

入場券登録／登録済み入場券一覧のページ右上の＋を押し、スタジオ・パス、年間パスなどの**QRコードを読み込む**か、スマートフォンに保存した**入場券の画像を読み込み、入場券に名前を付ける**と登録完了。

USJ最新情報

e整理券の取り方、使い方

時間になったら入り口でQRコードをスキャン！

❶
アプリ内「e整理券」から発券したい券を選ぶ

パークに入ったら①ホーム画面中央にある**「e整理券」をタップ**。②「エリア入場整理券／抽選券」「アトラクション整理券」「よやくのり」から発券したいものを選ぶ。

❷
内容確認は一度のみ！取得後変更不可なので注意

希望のアトラクション／ショー、または、希望のエリア、人数、時間を選ぶと、「このe整理券を取得する」という画面に。**内容確認ができるのはここだけで**、取得後の**キャンセルや変更はできない**ので、しっかり確認しよう。複数人の整理券をまとめて取得する場合は、事前にその人数分のスタジオ・パス、年間パスの登録が必要。

❸
取得済みの整理券は一覧で確認可能

公式アプリのメニューから「e整理券」→「取得済み整理券／抽選券一覧」を**タップ**すれば、取得済みの整理券を一覧で確認することが可能。さらにそれを**スクリーンショット**しておくと、いつでもサッと確認できる。

こんなこともできる！

食事にかかる時間を大幅短縮！「スマホ de オーダー」

アプリ内の「フード＆レストラン」をタップし、そのなかの「レストランおすすめサービス」から「スマホdeオーダー」(P103)を選ぶ。表示されたページから、専用サイトへ飛ぶと、好きなメニューを注文、支払いまで可能だ。待ち時間の大幅短縮に活用できるが、**席の確保は自分で行なわなければならないので要注意**。現在は、《メルズ・ドライブイン》(P69)などで利用できる。

さらに

- パワーアップバンドと連携すると、〈ニンテンドー・エリア〉をより楽しめる
- パーク全体と自分の位置も確認できる
- チケットの購入＆確認ができる
- 気になるアトラクションやショーをお気に入りリストにまとめればその情報を一覧で確認できる
- アトラクションの待ち時間＆ショースケジュールがその場で確認できる

⚠ 電池切れになると取得した整理券も使えない！

途中で電池がなくなると取得した整理券も使えなくなってしまうので、モバイルバッテリーをもっておくと安心。もしモバイルバッテリーを忘れても、パーク内に設置された「ChargeSPOT」でモバイルバッテリーを借りられる（有料：1時間未満360円）。ただし事前に利用登録が必要なため、電池残量がゼロでその登録が不可能な場合は利用できないので注意。

ここからアプリをダウンロード！

iPhoneの方
https://apps.apple.com/jp/app/id532097000

Androidの方
https://play.google.com/store/apps/details?id=com.universalstudios.japanresort

What's New!

2024年春最新情報

2024年春『名探偵コナン』のレギュラーアトラクション決定

これまでクールジャパンなどでUSJとコラボしてきた『名探偵コナン』のレギュラーアトラクションが、この春に登場することが決まった。臨場感あふれるシアター型ライブ・ショーとなる予定だ。

《…スパイダーマン…》《ターミネーター2:3-D》《バックドラフト》がクローズ

2024年1月22日をもって、《アメージング・アドベンチャー・オブ・スパイダーマン・ザ・ライド4K3D》《ターミネーター2:3-D》《バックドラフト》の3つがクローズした。《…スパイダーマン…》終了にあわせて、《アメージング・スパイダーマン・フォト・オポチュニティ》《アメージング・スパイダーマン・ザ・ライド・フォト》《アメージング・スパイダーマン・ストア》もクローズしている。

《サンフランシスコ・キャンディーズ》がクローズ

〈サンフランシスコ・エリア〉（P74）にあった《サンフランシスコ・キャンディーズ》が、2023年9月3日をもってクローズした。

スマホで事前に食事を注文できる「スマホ de オーダー」導入

スマホから専用サイトへアクセスし、好きなメニューを注文、支払いまでできる「スマホ de オーダー」（P19、P103）が、《メルズ・ドライブイン》（P69）などで運用開始された。

2024年1月よりチケット・入場料金値上げ

2024年1月より、最低価格以外の大人とシニアの料金帯が約500円値上がりした。

2024年も学生応援キャンペーン「ユニ春」開催決定

毎年人気の学生応援キャンペーン「ユニ春」が、今年も開催決定。その内容は、「学生特典付きユニバーサル・プライム年間パス・スタンダード」を購入すると、パーク内でグッズを購入するのに使える2000円分のクーポンが付いてくるというもの（P97）。

遺失物（落とし物）の受付がネット対応に変更

これまでゲストサービスで行なっていた遺失物（落とし物）の受付が、ネット対応に変更された。

2024年1月8日でケンネル（ペット有料預かり）終了

有料でペットの一時預かりを行なっていたケンネルが、2024年1月8日でサービスを終了した。

ユニバーサルシティ駅にロッカー設置

ロッカー不足が問題となっているUSJだが、最寄り駅のユニバーサルシティ駅内に、25個のロッカーが設置された。

USJのツボ推薦！ 2024年最新版
USJ深掘りランキング
Deep Digging Ranking in Universal Studios Japan

アトラクション編

作品の設定に基づいてつくり込まれたアトラクションは
USJの最大の魅力。もちろん、絶叫系ライドも大人気！

作品の世界に
入り込める！
**世界観が
圧倒的な
アトラクション
ベスト5**

1位
マリオカート
～クッパの挑戦状～
（P4）

あの人気ゲームを
リアル体験！
大人も子どもも
夢中になれる

2位
ハリー・ポッター・アンド・
ザ・フォービドゥン・ジャーニー
（P30）

「世界No.1ライド」
の栄誉を得た、
臨場感バツグンの
アトラクション

3位
ウォーターワールド
（P88）

熱風や火柱が超リアル！
映画そのままのスタントが
くり広げられる

4位
ミニオン・ハチャ
メチャ・ライド
（P40）

ミニオンたちが
いきいきと
動き回る！

5位
ジョーズ
（P84）

人食いザメ
「ジョーズ」に
追いかけられる
恐怖を体感！

1位
ハリウッド・ドリーム・
ザ・ライド
～バックドロップ～
（P61）

後頭部から
真っ逆さまに落ちる
瞬間のスリルは
最恐！

スリル満点！
**絶叫系
アトラクション
ベスト3**

3位 XRライド
※イベント時不定期走行
（P15）

仮想現実のなかで
振り回される！
疾走感が
たまらない！

2位
ザ・フライング・
ダイナソー
（P78）

急降下、
回転などが
盛りだくさん！
空を飛んでいる
ような感覚！

21

学校・職場
の大人数向け
**ばらまき用
おみやげ
ベスト3**

👑 **1位**

スヌーピー
アソート
スウィーツ(大箱)
……2200円

👑 **2位**

ニンテンドー・
アソートスイーツ缶
……2300円

スヌーピーの大箱に入った、
チョコやバウムクーヘン
などの詰め合わせ

👑 **3位**

百味ビーンズ
(小分け缶・10袋入り)
……2800円

クッキーには
スターやキノコや
人気キャラが
プリントされて
いてかわいい!

味のバラエティが豊かすぎる!
人気のためか、小分けパッケージも発売された

(TдT) レジが混む ショップワースト3

1位

ファン・ストア
ミニオンズ・ポップ・ショップ
スウィート・サレンダー
(P42)

3つの店の内部が
つながっている。
入店制限が
よく実施される
ほどの大混雑

2位

ユニバーサル・
スタジオ・ストア
(P66)

パークの
出入口
付近にあり、
夕方〜閉園までの
時間は混雑する

3位

シネマ 4-D ストア
(P120)

イベント
限定グッズが
そろうので、
イベント開始後
はしばらく混む

👑 **レジが空いてる
穴場ショップ**

ユニバーサル・スタジオ・
スーベニア(P72)がおすすめ!

フード編

基準になるのは味？ コスパ？ それとも見た目？
目的に合わせてお店を選ぼう。

食べごたえも値段も文句なし！ コスパ重視メニュー ベスト5

1位 フライドチキンセット
……1550円 《アミティ・ランディング・レストラン》(P85)

男性におすすめしたい、ボリューム満点のメニュー

2位 テリヤキビーフバーガーセット
……1450円 《スヌーピー・バックロット・カフェ》(P55)

スヌーピーの形をしたバンズは子どもに大人気

3位 スモークチキン
……1000円 パーク内フードカート

ワイルドにガブッとかぶりつきたい！

4位 ザ・ドラゴンズ・パール・コンボ
……1600円 《ザ・ドラゴンズ・パール》(P75)

ガッツリ系チャーハンに副菜、スープも付いて大満足！

5位 クラシックバーガーセット
……1650円 《メルズ・ドライブイン》(P69)

手早く食事を済ませたい時にも

とにかくかわいい・インスタ映え！ 見た目がバツグン！ メニュー ベスト5

1位 ミニオン・クッキーサンド
……550円〜 《デリシャス・ミー！ ザ・クッキー・キッチン》(P43)

食べもの単体のインスタ投稿数がとても多い。中身は季節ごとに変わる

2位 バタービール
…700円 《ハリポタ・エリア》内

泡でヒゲをつくって自撮りにチャレンジ！

3位 パンケーキ・サンド マリオの帽子〜いちごのショートケーキ〜
……700円 《マリオ・カフェ＆ストア》(P68)

マリオの帽子そっくりでかわいい！

4位 ヴォルケーノ・ケーキ〜ベリー＆ドラゴンフルーツソース〜
……900円 《ディスカバリー・レストラン》(P80)

赤いソースがマグマみたい！火山をイメージしたケーキ

5位 ピーチ姫のケーキ
……3000円 《キノピオ・カフェ》(P6)

スターがのったゴージャスなケーキ。ピーチ姫が描かれたクッキーが付いている！

基本攻略法

"USJのツボ"直伝
USJを制する大原則10カ条

USJは初めてという人も、何度か来ている人も、この10カ条を心得ておけば
もっと楽しめること間違いなし。効率よくパークを回る「ツボ」を教えます。

1 パークに行く前の確認は必須！サイトやアプリは超便利！

公式アプリ（P18）は、パークのリアルタイムな情報がわかるすぐれもの。また、公式サイトはもちろん、過去データをまとめた非公式サイトなども参考になる。

☞ P114〜　　　　　　「便利なパーク内サービス」へ！

2 USJにも空いている日はある!?穴場の日を狙うべし！

とにかく、いつ行っても混んでいる……。そんなイメージのあるUSJにも、じつは、閑散期や空いている日は存在する。また、イベントの予定も要チェックだ。

☞ P98〜　　　　　　「USJ空いてる日カレンダー」へ！

3 チケット購入はダイレクトインが便利！

ＵＳＪ攻略は朝イチが重要。公式サイトで「ダイレクトイン」を選択して購入し、QRコードを発行しておけば、当日はチケットブースに寄らずにすむので有利！

☞ P96〜　　　　　　「お得＆便利な入園チケット入手テク」へ！

4 空いている時間帯を狙えば攻略数UP！

もし240分待ちの表示や長蛇の列でも、あきらめるのはまだ早い。実際より長めに待ち時間が表示されていたり、回転率の違いで意外と早く体験できることも！

☞ P102〜　　　　　　「待ち時間短縮大作戦」へ！

5 待ち時間大幅短縮！シングルライドを活用せよ

待ち時間短縮の最強アイテム、Ｅパスは有料。節約派は、相席乗りの「シングルライダーシステム」や「よやくのり」、「チャイルドスイッチシステム」も使いこなそう。

☞ P102〜　　　　　　「待ち時間短縮大作戦」へ！

6 Ｅパスは便利だがお金もかかる！アトラクションを見極めて選べ！

Ｅパスは便利だが、むやみに買うと費用対効果が合わないこともある。使うアトラクションや時間帯を見極めるのが先決。

☞ P100〜　　　　　　「Eパスのムダのない選び方」へ！

7 「朝を制するものはUSJを制す」開園2時間以内の動きが重要

USJを楽しみつくすには、午前中にどれだけ目当てのアトラクションを回れるかが重要。公式発表の時間より開園がよく早まるので、現地到着は早いほうが○！

☞ P106〜　　　　　　「予定の組み方」へ！

8 細かい演出を知れば知るほど楽しめる！

どのアトラクションも、席による乗り心地や見え方の違い、原作の映画、凝った演出などを知って行くのと知らないで行くのとでは、満足度が段違い。

☞ P28〜　　　　　　「エリア別ガイド」へ！

9 子連れならではのポイントをつかむべし！

〈ミニオン・パーク〉や〈ユニバーサル・ワンダーランド〉はもちろん、他エリアにも小さい子が楽しめるスポットがたくさん！　トイレや休憩所のチェックも忘れずに。

☞ P28〜　　　　　　「エリア別ガイド」へ！

10 雨の日はストリート・ショーが中止に！ そんな時はキャノピーへ！

ストリート・ショーは雨に弱い。雨の日は、がっかりせず、キャノピーへ向かってみよう。たくさんのキャラクターがグリーティングに来てくれる可能性が高い。

☞ P112〜　　　　　　「雨の日におすすめコース」へ！

基本攻略法

知っていると安心！便利！
パーク内の呼び名あれこれ

USJ内ではさまざまな特殊用語が飛び交っている！　知らないと、スムーズな行動が取れないこともあるので、事前にどういう意味か、何を指すのかを頭に入れておこう。

パーク ◆ ユニバーサル・スタジオ・ジャパン（USJ）の園内。

ゲスト ◆ パークにとってのゲスト（お客さん）＝入園者。

クルー ◆ パークのスタッフ。

キャスト ◆ ショーなどに出演しているスタッフ。

エリア ◆ パーク内はテーマの異なる10エリアで構成。景観やグッズなどすべてが各テーマに沿って作り込まれている。→P26

アトラクション ◆ パーク内の設備を使って遊ぶもの全般。機械の乗り物だけでなく、ショー要素の強いものもある。

ライド ◆ アトラクションのなかでも、乗り物に乗って楽しむタイプのもの。

ショー ◆ ステージや路上などで行なわれる歌や踊り、寸劇など。時間と場所はショー・スケジュール（P114）を要チェック。

入場制限 ◆ 入園者が多い日などに、混雑防止のためパークへの入園を制限すること。前売券をもっている人も対象となる。

スタンバイ ◆ アトラクションなどを待つ列に並ぶこと。

スタジオ・パス ◆ パークの入場＋乗り物乗り放題＋ショー・パレードが楽しめる券。ただし一部、期間限定で別料金が必要なショーもある。→P96

年間パス（年パス） ◆ 1年間に何度でも入園できるスタジオ・パスで、さまざまな特典がある。ただし、除外日もある。→P96

Eパス ◆「ユニバーサル・エクスプレス・パス」の略で、アトラクションに優先入場できるチケット。必要に応じてスタジオ・パスとは別料金で購入する。→P100

シングルライダーシステム ◆ 複数の座席があるライドで、同行者と離れて1人で座ってもいいという人が優先して空いた席に乗れるシステム。いわゆる"相席"のようなもの。→P102

チャイルドスイッチシステム ◆ 幼児が身長制限などでアトラクションを利用できない時、大人の同伴者が複数いれば交代でアトラクションを楽しめるシステム。→P102

よやくのり ◆〈ユニバーサル・ワンダーランド〉（P44）にある4つのアトラクションのみが対象の、無料のライド優先予約システム。→P46

e整理券 ◆ 待ち列に並ばずに、USJ公式アプリを使い整理券の取得ができるシステム。→P18

アーリー・パークイン ◆ JTBツアーの利用特典の1つ。JTBツアーを利用してオフィシャルホテルに宿泊すると、翌日は一般の利用客よりも15分程度早くパークへ入場できる。→P116

フォト・オポチュニティ ◆ パーク内の名所や撮影スポットなどで行なわれている、プロのカメラ機材による有料の写真撮影サービス。ゲスト持参のカメラによる無料撮影のサービスもある。

グリーティング・スポット ◆ キャラクターと記念撮影したり、ふれあったりできるスポット。

顔認証システム ◆ 年間パスの所有者を対象にした、顔認証エンジンによる入場手続き。登録を済ませれば2回目以降の入場は、ゲートで顔と保管データとの照合のみ行なわれ、まさに「顔パス」でUSJの中に入ることができる。

★ツウはこう呼ぶ！ 略称あれこれ

Ｕ Ｓ Ｊ（Universal Studios Japan®）→→→→→→→→→→→→→→→→→→→	**ユニバ**
ハリー・ポッター・アンド・ザ・フォービドゥン・ジャーニー(P30)→→→→→→→→→	**ジャーニー**
ハリウッド・ドリーム・ザ・ライド(P60)→→→→→→→→→→→→→→→→	**ハリドリ**
スペース・ファンタジー・ザ・ライド(P64)→→→→→→→→→→→→→→→	**スペファン**
ユニバーサル・モンスター・ライブ・ロックンロール・ショー(P65)→→→→→→→	**ユニモン**
サンジの海賊レストラン →→→→→→→→→→→→→→→→→→→→→→→	**サンレス**
人が殺到して大混雑した際に、安全を考慮してショーがキャンセル(中止)になること →→	**人キャン**
夏の暑さでパフォーマーが熱中症になる危険がある場合、ショーがキャンセル(中止)になること →→	**熱キャン**

Universal Studios Japan

USJ10エリア ざっくりガイド

まず、全体像を
つかもう！

ラグーンを
10エリアが取り囲む

パークは「ラグーン」と呼ばれる大きな湖とそのまわりにある10のエリアから成り立っている。「ラグーン」と各エリアの位置関係を頭に入れておけば、迷わずにすむハズ。

「ラグーン」の岸辺は景色がよく、休憩におすすめ。10のエリアには、それぞれのテーマに沿ったアトラクションやレストラン、ショップがあり、登場するキャラクターたちもエリアごとに異なる。

2021年〈スーパー・ニンテンドー・ワールド〉オープン！

任天堂の大人気ゲームの世界を体験できる、世界初の〈スーパー・ニンテンドー・ワールド〉（P1）は、2021年3月にオープンした最新エリア。マリオカートやヨッシーのライド、自分自身がマリオになれるゲーム・アトラクションなどが大人気！　なお、下記の新エリアがオープンすると、このエリアの名称は「スーパーマリオ・ランド」となる予定。

ドンキーコング・カントリーが
2024年春にオープン！

〈スーパー・ニンテンドー・ワールド〉内の第2期エリアとして、「ドンキーコング・カントリー」（P10）がいよいよ誕生！　コースター型の《ドンキーコングのクレイジー・トロッコ》など、その世界を全身で楽しめるエリアになりそうだ。

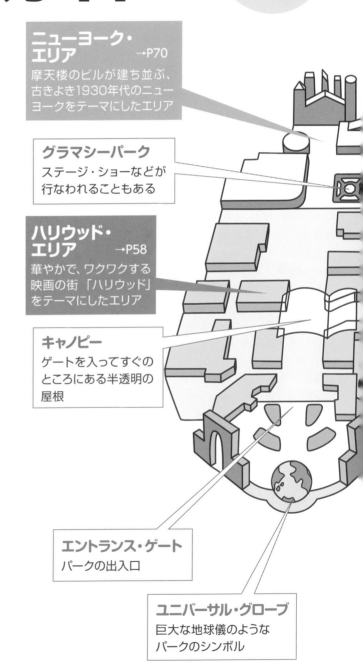

ニューヨーク・エリア　→P70
摩天楼のビルが建ち並ぶ、古きよき1930年代のニューヨークをテーマにしたエリア

グラマシーパーク
ステージ・ショーなどが行なわれることもある

ハリウッド・エリア　→P58
華やかで、ワクワクする映画の街「ハリウッド」をテーマにしたエリア

キャノピー
ゲートを入ってすぐのところにある半透明の屋根

エントランス・ゲート
パークの出入口

ユニバーサル・グローブ
巨大な地球儀のようなパークのシンボル

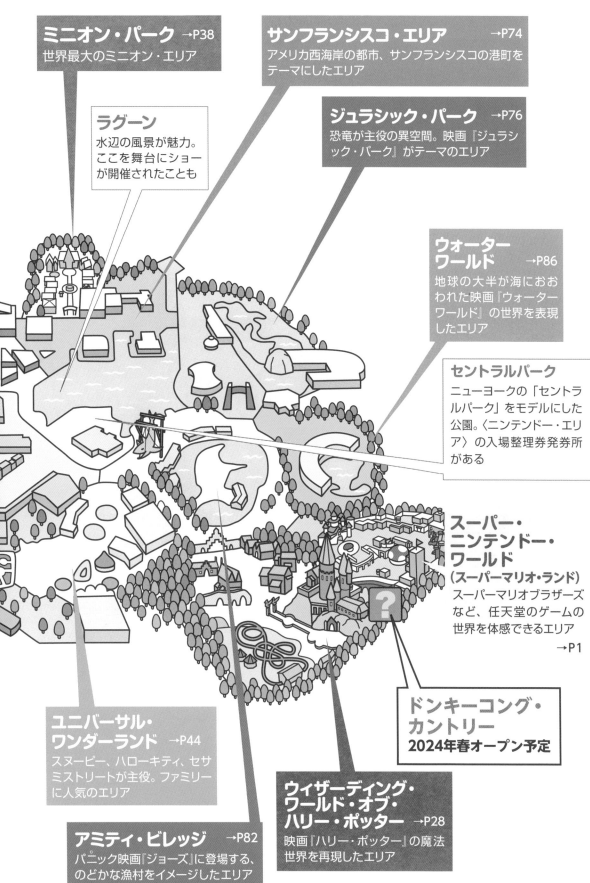

ミニオン・パーク →P38
世界最大のミニオン・エリア

サンフランシスコ・エリア →P74
アメリカ西海岸の都市、サンフランシスコの港町を
テーマにしたエリア

ラグーン
水辺の風景が魅力。
ここを舞台にショー
が開催されたことも

ジュラシック・パーク →P76
恐竜が主役の異空間。映画『ジュラシ
ック・パーク』がテーマのエリア

**ウォーター
ワールド** →P86
地球の大半が海におお
われた映画『ウォーター
ワールド』の世界を表現
したエリア

セントラルパーク
ニューヨークの「セントラ
ルパーク」をモデルにした
公園。〈ニンテンドー・エリ
ア〉の入場整理券発券所
がある

**スーパー・
ニンテンドー・
ワールド**
(スーパーマリオ・ランド)
スーパーマリオブラザーズ
など、任天堂のゲームの
世界を体感できるエリア
→P1

**ドンキーコング・
カントリー**
2024年春オープン予定

**ユニバーサル・
ワンダーランド** →P44
スヌーピー、ハローキティ、セサ
ミストリートが主役。ファミリー
に人気のエリア

**ウィザーディング・
ワールド・オブ・
ハリー・ポッター** →P28
映画『ハリー・ポッター』の魔法
世界を再現したエリア

アミティ・ビレッジ →P82
パニック映画『ジョーズ』に登場する、
のどかな漁村をイメージしたエリア

基本攻略法

ハリポタ・エリア

スクリーンで見た、あの村が! あの城が! リアルな魔法世界に大興奮

ウィザーディング・ワールド・オブ・ハリー・ポッター

大人気映画『ハリー・ポッター』シリーズをテーマにしたエリア。東京ドーム3個分の広さがあり、ゆっくりと歩けば、入口から最奥部まで10分はかかる。このエリアへの入場には券が必要になることがある。

「エリアに絶対入れる安心テク」(P1)も見てね!

マンドレイク
スプラウト先生の授業で登場する不思議で危険な植物。引っこ抜くと奇声を発し、それを聞いた人は皆、失神してしまう

動く新聞
紙に印刷されている写真の部分が映像のように動く

バタービール
泡立ちが本物のビールそっくりのノンアルコールドリンク

ホグズミード村入口
アーチゲートから、手前に村の建物、奥に城という感動的な風景が見える

ホグズミード村
魔法族のみが住む村

百味ビーンズ
魔法族の子どもの間で大人気のゼリービーンズ。耳あか味、臓物味などトリッキーな味もある

蛙チョコレート
ハリーとロンが食べようとしたが、逃げ出してしまったカエルのカタチをしたチョコ。魔法使いカード入り

ホグズミード駅

水飲み場

ストーン・ゲートウェイ
エリアへの入口には『アズカバンの囚人』に登場した巨石がそびえ立つ

エリア入口 →

入場整理券をもっている人はココから入る

15分間隔でふくろうが時を告げる

ホグワーツ特急のフォト・オポチュニティ P120

バタービールのマグカップを洗うのに便利

ふくろう小屋ポスト

フォード・アングリア
ハリーとロンが乗ったウィーズリー家の空飛ぶクルマ。ぼろぼろの車体は映画そのままの再現度!

ショップ

レストラン

★ … **6** 《ワンド・マジック》体験ポイント

ホグズミード村のショーウインドウを楽しむ

❶ その鳴き声を聞くと失神してしまう植物
❷ 吠えメール
❸ 自動書記羽ペン
❹ ハーマイオニーが着ていたドレス
❺ ペテン師の魔法使いロックハートの本

基 本 情 報

女子トイレ個室数

△3 32個＋多機能トイレ1個
△4 9個＋多機能トイレ1個

ベンチ……少
7《ふくろう小屋》や
2《…ジャーニー》降り口付近にある

暑さ、寒さよけ……あり
7《ふくろう小屋》のベンチには日よけになる屋根もある

雨よけ……少
レストラン、ショップ以外には7《ふくろう小屋》のベンチくらいしかない

オリバンダーの店にある"杖に選ばれる"パフォーマンス部屋の入場はココに並ぶ

オリバンダーの店（P35）のパフォーマンス部屋

魔法の杖
魔法族の必需品。紀元前382年創業の《オリバンダーの店》（P35）は杖の有名専門店

キャッスル・ショー P33
以前開催されたショーが見やすかったポイント

三本の箒のテラス席

2

逆さホグワーツ城
黒い湖に反射して見える

黒い湖

ホグワーツ城

ハリーが在籍する1000年以上の歴史をもつ魔法魔術学校の校舎

3 トイレ

桟橋

1

《ホグワーツ・キャッスルウォーク》（P32）入口

ドリンクorグッズカート

4

Eパスルート

2

身長制限の確認用バー

ワゴンショップ

嘆きのマートル
少女のゴーストの愚痴や泣き声が聴こえる

7

2

5

★

8

野外ステージ

5

3

身長制限の確認用のライドの座席

6

バタービール販売

ドリンクやサンドウィッチのワゴンショップ

★

4 トイレ

暴れ球
魔法界の球技スポーツ"クィディッチ"の道具

★

ヒッポグリフ
ワシの頭と馬の胴体をもつ、誇り高き魔法界の生き物

ハグリッドの小屋

吠えメール
送り先で大音量で怒鳴り散らすことができる手紙

ふくろう
魔法界で迅速、確実に手紙を届けてくれる生き物

バイクとサイドカー
ハリー・ポッターとハグリッドが隠れ家に逃げるために使った乗り物

アトラクション

ハリポタ・エリア

アクロバティックな動きのライド
円安で外国人客が殺到し、混雑度UP

MAP 2 ハリー・ポッター・アンド・ザ・フォービドゥン・ジャーニー

　ホグワーツ城のなかで体験できるライド系アトラクション。映画そのままのファンタジックな世界が楽しめる。最新技術4Kの映像を目の前に、**魔法のほうきで空を駆けめぐるライド**は、予測不能な動きでドキドキ！　リアルな立体映像と、他にはないスピード感や浮遊感を体感できる。このエリアのメインアトラクションなので、ぜひとも体験しておきたいライドだ。

　最近の円安で、USJに外国人観光客が殺到。ハリポタは外国人に大人気で、**2022年と比べて待ち時間は約1.5〜2倍になっている。**

**映像で酔いやすい人へのコツは
あまり周囲を見回さないこと!?**

アトラクションデータ

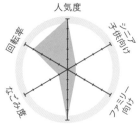

人気度 / シニア子供向け / ファミリー向け / 絶叫度 / なごみ度 / 回転率

おもな制限事項

身長122cm以上／妊婦不可／
体調不良不可

子どもが怖がるポイント

暗　高　速　怖

音　落　振　揺

タイプ

ライド屋内

混雑度

A

攻略ツール

E-PASS　よやくのり　CS　SR

待ち時間

時刻	平日	混む平日	休日	激混み
8	20	20	30	50
9	50	50	90	120
10	60	80	120	140
11	80	100	120	150
12	70	100	120	170
13	60	100	120	170
14	60	100	120	170
15	70	110	120	160
16	70	110	120	160
17	60	90	100	130
18	60	80	100	120
19	50	40	80	100
20	-	-	40	60

❶

ハリー・ロンと一緒に飛行

❷

ドラゴンの炎が直撃！

ハーマイオニーの声を
合図にハイ、ポーズ！

❸
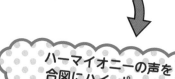
左上を
見る

森は危険よ！

ハーマイオニー
のこのセリフが
聞こえたら写真
撮影

❹

エクスペクト・
パトローナム

ディメンターに襲われ、
ハリーに助けてもらう

ハリポタ・エリアを見渡せる穴場
意外と高低差はあるので注意！

MAP 3 フライト・オブ・ザ・ヒッポグリフ

ワシの頭と馬の胴体をもつ魔法世界の生き物"ヒッポグリフ"と空を翔けめぐる気分が味わえる。身長制限はあるが、アップダウンは比較的ゆるやかでライド時間も2分と短い。ただし、意外と高さがあり、コースの最頂点からは、「ホグワーツ城」や「ホグズミード村」を見渡せる。

並んでいる間にもオオカミの遠吠えが聞こえてくるなどの演出が楽しい。ここでしか見られないハグリッドの小屋や空飛ぶバイクの前は絶好の撮影スポット。ライド乗り場の屋根裏にあるハグリッドの道具も見逃さないで。

> エリア全体が見渡せるのはコース最頂点のほんの一瞬

アトラクションデータ

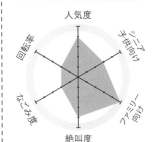

人気度 / シニア / 子供向け / ファミリー向け / 絶叫度 / なごみ度 / 回転率

おもな制限事項

身長122cm以上195cm以下
（付き添い有92cm以上）
/妊婦不可/体調不良不可

子どもが怖がるポイント

暗 高 速 怖
音 落 振 揺

タイプ

ライド屋外

混雑度

B

攻略ツール

E-PASS / よやくのり / CS / SR

待ち時間

時刻	平日	混む平日	休日	激混み
8	30	30	30	40
9	50	60	80	80
10	70	80	90	100
11	70	90	100	120
12	80	90	100	120
13	80	90	100	120
14	80	90	100	120
15	80	80	100	120
16	80	80	100	120
17	80	80	100	110
18	70	80	100	110
19	60	60	80	80
20	-	-	60	60

映画シリーズの世界観をざっくり説明

ハリー・ポッターとは？

イギリスの女性作家 J.K. ローリングによるファンタジー小説。1990年代のイギリスの架空地域を舞台に、魔法使いの少年ハリーの、魔法学校での仲間との生活や、闇の帝王との因縁の対決を描いた物語。

> 知っているとエリアがさらに楽しくなる！

ハリー・ポッターを中心とした
人物相関図

シリーズのおもな登場人物と関係性は？

ホグワーツ魔法魔術学校

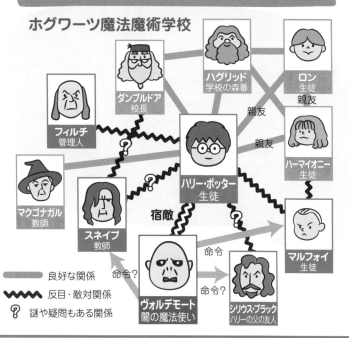

良好な関係
反目・敵対関係
謎や疑問もある関係

好きなだけ写真撮影OK！世界観を味わえる城内見学コース

休止中

MAP 4 ホグワーツ・キャッスルウォーク

映画の舞台となった「ホグワーツ城」内は見どころ満載。ライドに乗らずに、**城内を歩いて見学できるアトラクション**。自分のペースで好きなだけ見学が可能だ。

小さな子どもや妊婦、ライドが苦手な人も楽しめる。何よりうれしいのは撮影が自由なこと。ライドのスタンバイ列では通れないエリアに入れるのも魅力。入口にある「黄金の銅像」や「砂時計」、校長室の「憂いの篩（ふるい）」はこのコースでしか見られない。入場は城前の待ち時間表示板がある入口から。

入口がわかりにくい……。ライドの列に並ばないように！

アトラクションデータ

人気度／シニア子供向け／ファミリー向け／絶叫度／なごみ度／回転率

タイプ

ウォークスルー屋内

混雑度

D

攻略ツール

E-PASSなし／よやくのり／i／CS／SR

おもな制限事項

体調不良不可

子どもが怖がるポイント

暗 高 速 怖
音 落 振 揺

ここにも注目！達人テク

エリア内にあるものはほとんど、4作目『ハリー・ポッターと炎のゴブレット』以前の作品に登場してるよ。「憂いの篩（ふるい）」あたりは例外だけど、それ以降の知識が必要なものは少ないはず。まずは1作目『賢者の石』から見るのがおすすめ。

ダンブルドア校長やハリーたちの話が聞ける

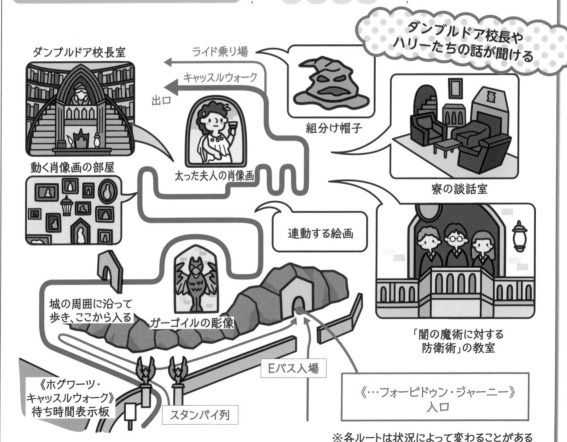

※各ルートは状況によって変わることがある

次回は
未定

臨時
イベント

プロジェクション・マッピングにうっとり

《キャッスル・ショー》がすごい！

「ホグワーツ城」をスクリーンにプロジェクション・マッピングを映し出す壮大な夜のショー。鑑賞エリアでは立ち見になる。ショー開始時刻は鑑賞エリア周辺が大混雑するので、事前に場所を確保しよう。

ショーは約10～20分間隔で1日に何回も開催される。**初回は大混雑**だが、1回目のショーが終了すると〈ハリポタ・エリア〉から出ていくゲストも多いので、だんだん空いてくる。エリアの入場整理券（P1）の配布時間は、クルーに聞いても事前には教えてくれないので、まめにチェックしよう。

過去の《キャッスル・ショー》

ホグワーツ・マジカル・ナイト ～ウインター・マジック～

開催時期 ◆ 2019年11月8日～2020年2月29日
所要時間 ◆ 5分　／　開催時間 ◆ 日没後～随時

ホグワーツ魔法魔術学校の各寮の学生たちが唱える呪文に応じて、**ホグワーツ城にクリスマスの情景**が次々に映し出される。

ホグワーツ・マジカル・セレブレーション

開催時期 ◆ 2019年3月20日～11月4日
所要時間 ◆ 7分　／　開催時間 ◆ 日没後～随時

ホグワーツ魔法魔術学校の4つの寮にまつわる物語。各寮のシンボルカラー赤、青、黄、緑と紋章をモチーフにした映像をホグワーツ城に投射。

鑑賞エリア

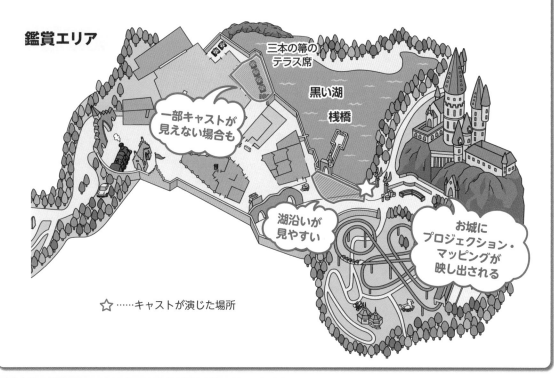

三本の箒の
テラス席

黒い湖

桟橋

一部キャストが
見えない場合も

湖沿いが
見やすい

お城に
プロジェクション・
マッピングが
映し出される

☆……キャストが演じた場所

ハリポタ・エリア

石造りの野外ステージで 映画のシーンを再現

MAP 5 野外ステージショー

※開催内容や開催時間は公式サイトや「ショー・スケジュール」をチェックすること。

タイプ

攻略ツール
E-PASS なし　はやのり　CS　SR

混雑度
D

アトラクションデータ

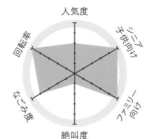
人気度 / シニア子供向け / ファミリー向け / 絶叫度 / なごみ度 / 回転率

おもな制限事項
—

ショー屋外

子どもが怖がるポイント
暗　高　速　怖
音　落　振　揺

ここにも注目! 達人テク

日によって開催されるショーが異なるので、公式サイトなどでスケジュールを確認しよう。いずれのショーも、開演の10〜20分ほど前に行けば、好位置で鑑賞できる。前列3列くらいは、しゃがむようにクルーに指示されるので、邪魔にならない程度の小さなレジャーシートを持参すると便利。

トライウィザード・ スピリット・ラリー

魔法魔術学校の勇者たちによる 力強く優雅な演舞に見とれる

男子の演武は、アクロバティックで迫力満点。女子は、リボンが舞う可憐な演技でうっとりさせられる。最前列か2列目を狙って鑑賞しよう。

ワンド・スタディ　休止中

杖を使った不思議な演出に注目 魔法のかけ方を大公開!

魔法の数々や、あっと驚くエンディングは、上演回で変わることもある。「マジカル・ワンド」をもっているゲストは魔法の練習に参加できる場面も。

フロッグ・クワイア

映画のなかで流れる名曲を 男女混声のアカペラで披露

各寮から選抜された4名の代表者が、ボイスパーカッションを交えた迫力のアカペラを披露してくれる。あのテーマソングが聴けるかも!

専用の杖を購入すれば あなたもミラクルな魔法使い！

MAP 6　ワンド・マジック

　"魔法"を使う体験型アトラクション。まず《オリバンダーの店》などで、専用の魔法の杖「マジカル・ワンド」（5500円）をゲット。8〜9カ所のポイント（P28-29の★／期間限定ポイントもあり）で杖を振ると、風や炎を起こすなど、さまざまな魔法を体験できる。

●魔法の一例

ハニーデュークスの裏
呪文：メテオロジンクス
（雪よ、降れ）

キャストにコツを聞いてみて！

 杖の振り方

成功すると：雪が降る

アトラクションデータ

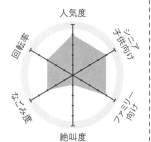
人気度／シニア子供向け／ファミリー向け／絶叫度／なごみ度／回転率

おもな制限事項

—

子どもが怖がるポイント

暗　高　速　怖
音　落　振　揺

タイプ

ショー屋外

混雑度

★ D

攻略ツール

E-PASSなし

達人テク　ここにも注目！

　体験ポイントは、エリアの端っこや店の裏手など、わかりづらい場所も多いので気を付けて！　また、ポイントに「呪い崩しの魔法」がかけられているとの掲示があって、体験できない時もあるよ。

自分の杖に会える！ 魔法の杖専門店 「杖に選ばれる」体験もできる!?

MAP 1　オリバンダーの店

マイナーな杖まで豊富に販売 先が点灯するタイプも楽しい

　映画のキャラクターが使う杖や、ケルト神話にちなんだこの店オリジナルの杖をあつかう。アトラクション《ワンド・マジック》で使える「マジカル・ワンド」は20種類。

「杖に選ばれる」シーンを再現!! 最前列でハリポタファンをアピール

　となりの隠し部屋で、『賢者の石』のワンシーンを再現したショーが楽しめる。ゲストのなかから店主のオリバンダーが指名した1人は、杖と魔法を試すこともできる。

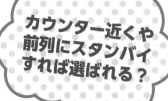
カウンター近くや前列にスタンバイすれば選ばれる？

ホグワーツ城内一番の品ぞろえ
ライド写真は見るだけでもOK

MAP 6 フィルチの没収品店

《…ジャーニー》の出口に直結している

小物からお菓子まで、魔法魔術学校の管理人フィルチが生徒から没収した品でいっぱい。ライドを降りた後の興奮冷めやらぬテンションで、思わず買ってしまいそう。

《…ジャーニー》の記念写真が専用レジで購入可能

ライド降車後、番号を書いた引換券を渡される。ショップの会計レジと反対側に、写真を選ぶモニター付きの専用レジ（2台）があり、ライド中の写真を確認してから購入できる。**見るだけでもOK。**

他にクッキーやチョコなどお菓子類も充実

パスケース

バタービールカップ

ホグワーツの生徒になりきるならココ！
魔法魔術学校のアイテムがずらり

MAP 8 ワイズエーカー魔法用品店

制服でハリーの同級生になりきる！

天文学にちなんだ美しい内装が印象的な店。ホグワーツ魔法魔術学校の**制服であるローブや寮カラーのマフラー**がそろうほか、オリジナルデザインの文房具類も豊富。

ローブは値が張るのでしっかり試着して

MAP 2 グラドラグス魔法ファッション店

女性ファッショングッズが充実

ショーウインドウに**ハーマイオニー着用のドレス**（非売品）が展示。Tシャツやソックス、アクセサリーなど乙女アイテムの品ぞろえが充実。

MAP 3 ダービシュ・アンド・バングズ

クィディッチ用品などマニア向け

「クィディッチ」用品やユニフォームも充実。天井には魔法のほうきが動いている。「怪物的な怪物の本」のうなり声も聞こえる。

あの「百味ビーンズ」がお得に買える！
オモシロみやげ満載のお菓子専門店

MAP 4　ハニーデュークス

ハリーやロンも食べていた
魔法界のお菓子が買える！

　ちょっと変わった、オモシロみやげが並ぶお菓子専門店。見ているだけで楽しくなるカラフルな店内には「百味ビーンズ」をはじめ、話題のお菓子が勢ぞろい。

お菓子詰め放題なら
「百味ビーンズ」がお得に！

　お菓子を詰め放題で購入できるコーナーでは百味ビーンズも選べる。2000円の袋（小）には約500g入るので、通常の商品(170g、1800円)より200円UPで約3倍の量が買え、かなりお得。

お菓子が
勢ぞろい！
おみやげに最適！

ホグワーツ城を望む特等席がある
イギリス伝統料理のレストラン

MAP 1　三本の箒（ほうき）

ボリューム感たっぷりの
イギリス伝統料理がメイン

　店内は映画の世界観が満喫できるつくり。メニューは骨付き肉料理に丸々1本のとうもろこしが添えられているなど、ワイルドなものが多いので、ウェットティッシュがあれば便利。アルコールもあり。

テラス席からは湖に映る
ホグワーツ城を一望！

　エリア唯一のレストラン。平日でも12時台は満席になってしまうので、早めの利用がベター。テラス席はホグワーツ城が目の前に望める特等席で絶好の撮影スポット。

肉料理を食べる
時はウェット
ティッシュが便利

映画『怪盗グルー』シリーズに登場している
ちょっとおバカで憎めないヤツらがいっぱい!!

ミニオン・パーク

町中がミニオンだらけの楽しいエリア、〈ミニオン・パーク〉。世界最大のミニオン・エリアとあって、いたるところにファン心をくすぐる要素や仕掛けがちりばめられている。ライドに乗れない小さい子どもも、雰囲気を楽しむだけでも満足感が得られるエリアだ。

ミニオン・パーク

噴水にもかわいいミニオンがいっぱい

トイレはわかりづらいので結構空いている

EASTSIDEには、スイーツのお店やプレイランドが並ぶ

こぼれネタ
このエリア内に、一番人気のミニオン「ボブ」はたった1体だけ！ぜひ探してみて！

ベンチ多数

ミニオン・パーク

基本情報

女子トイレ個室数

⑤ 20個＋多機能トイレ1個

ベンチ……多

エリア入口左側、ライド入口付近の芝生ほか

暑さ、寒さよけ……なし

雨よけ……なし

屋根があるところはショップ以外ほとんどない。

☆……チャイムを押すとミニオンがしゃべる場所

グルーの娘たちがいた**ミス・ハッティズ女子孤児院**

映画『怪盗グルーの月泥棒』に登場する**悪党銀行**のATM。他人の口座からお金を引き出せちゃう!?

WESTSIDEは
ミニオン・マーケット・プレース
ミニオンゆかりの数々のスポットが出現

グルーのペット犬「カイル」の看板が目印！ ペットショップ「パピー・ラブ」

来訪ミニオンのための「**ホテル・バ・ナ・ナ**」

悪党ご用達ショップ「**ヴィランズ・ヘッドクォーター**」。不定期で悪党たちの映像が見られる

ポップコーンカート《**ポパ・ナーナ**》

ミニオンって何？

ユニバーサルの3-D映画『怪盗グルー』シリーズに登場。バナナが大好物で、無限に増殖する、謎の黄色い生物だ。好奇心旺盛で明るく、いたずら好き！ 世界中で愛されている、ちょっとおバカで憎めないヤツら。じつはそれぞれにちゃんと名前もあるらしい。

ミニオン・パーク

待ち列の見た目よりも進みは速い
ミニオンの一員になってシゴかれる!?

MAP 7 ミニオン・ハチャメチャ・ライド

　優秀なミニオンを増やしたいグルーの募集により集まったゲストたちを教育する、というストーリー。特殊な装置でミニオンになり、グルーのビークルへ乗り込むことに。大勢のミニオンたちと一緒に障害物いっぱいのコースをハチャメチャに走り回る!

　ライドは前列4人後列4人の8人乗り。映像も動きも、楽しくてかわいい!　混雑しやすいライドだが、回転率はバツグンによい。待ち列の間もミニオンのクイズ映像や、グルーのコレクションを見て楽しめる。

**浮遊感やスリルはひかえめ
画面に酔いやすい人は注意して**

アトラクションデータ

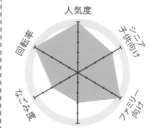

（レーダーチャート）人気度／シニア・子供向け／ファミリー向け／絶叫度／なごみ度／回転率

おもな制限事項

身長122cm以上
（付き添い有102cm以上）/
妊婦不可/体調不良不可

子どもが怖がるポイント

暗　高　速　怖
音　落　振　揺

タイプ

ライド屋内

混雑度

B

攻略ツール

E-PASS　よやくのり　CS　SR

待ち時間

時刻	平日	混む平日	休日	激混み
8	10	10	10	10
9	10	20	40	50
10	30	40	70	110
11	30	40	70	130
12	30	50	70	120
13	30	50	70	100
14	40	60	90	110
15	40	60	90	110
16	40	50	80	110
17	40	50	70	100
18	20	30	50	80
19	10	20	30	70
20	-	-	10	50

映像も動きも、楽しくてかわいい!
でも酔いやすい人は気をつけて

巨大ドーム型
モニターの映像が
動きと連動!

知る人ぞ知る真夏の避暑地!?
親子で楽しめるコーヒーカップ系

MAP 8 ミニオン・ハチャメチャ・アイス

製氷車型のライドは前後2列の4人乗りで、コーヒーカップのように回りながら動く。アトラクションでは「巨大凍らせ銃」から「レイトウコウセン」という冷気が発射され、当たると涼しい。速さや動きを自分で調節することはできないが、激しい動きではない。

基本混雑しないので、暑さ回避におすすめ

アトラクションデータ

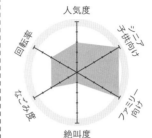

人気度／シニア・子供向け／ファミリー向け／絶叫度／なごみ度／回転率

おもな制限事項

身長122cm以上
（付き添い有92cm以上）／
妊婦不可／体調不良不可

子どもが怖がるポイント

暗 高 **速** 怖
音 落 振 揺

タイプ

ライド屋外

混雑度

D

攻略ツール

E-PASSなし

待ち時間

時刻	平日	混む平日	休日	激混み
8	10	10	10	10
9	10	10	10	50
10	10	20	30	60
11	20	20	30	60
12	10	20	30	60
13	20	30	30	60
14	20	20	30	60
15	20	30	40	60
16	20	20	40	60
17	20	20	30	60
18	20	20	20	60
19	10	20	20	40
20	-	-	10	30

列はないので早い者勝ち
ミニオンと記念撮影ができる!

MAP 9 ミニオン・グリーティング

《ミニオン・ハチャメチャ・ライド》(P40)前や USJ 入口付近で行なわれる。登場時間は「ショー・スケジュール」で確認を。写真撮影の列はとくにないので、タイミングを見て近づこう。クリスマスなど季節によってミニオンの服やグリーティングの名称が変わる。

ミニオンたちの見分け方

体型、髪型、目の数で見分けるのがコツ

アトラクションデータ

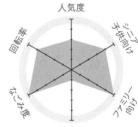

人気度／シニア・子供向け／ファミリー向け／絶叫度／なごみ度／回転率

おもな制限事項

—

子どもが怖がるポイント

暗 高 速 怖
音 落 振 揺

タイプ

ショー屋外

混雑度

C

攻略ツール

E-PASSなし

ここにも注目! 達人テク

かつて〈ミニオン・パーク〉では、ミニオンが現れる不定期のグリーティングも開催されていた。公式サイトやイベントスケジュールなどを見ても時間が書かれておらず、1日何回という決まりもない自由なものだった。

ミニオン・パーク

ミニオンの専門店がズラリ！
なかでは**3つの店がつながってる**

MAP 15 スウィート・サレンダー

ガーリーな雰囲気のお菓子・小物店

ガムボール・マシンの外観で、ピンクとホワイト
が基調のガーリーなお店。ミニオンがカップケーキ
になっているデザインなど、**スイーツモチーフのグッ
ズが多いのが特徴。**

甘いお菓子や、
かわいい小物など
がそろうよ！

MAP 14 ミニオンズ・ポップ・ショップ

"かっこかわいい"系グッズ中心

モードに敏感なミニオンたちが提案する最新
ファッションのショップ。服やバッグなど実用的な
ものが多い。大人にも人気。

MAP 13 ファン・ストア

子どもも楽しいグッズがいっぱい

ミニオンたちのおもちゃへの愛と情熱が詰まった
「おもちゃ研究開発本部」。ぬいぐるみやTシャツ、
パーカーなどのラインナップが豊富。

記念写真を買うかどうかは
仕上がりを見てから決められる

MAP 12 デリシャス・ミー！フォト・オポチュニティ

フォト・オポチュニティで
パークの思い出を写真に

写真はミニオンズづくしの台紙に入れてくれる。
パークのカメラと自前のカメラやスマホで1枚ずつ
撮り、**気に入れば購入できる形式。**行列ができて
いることが多いので、早めに並んでおこう。

はみ出し情報

ミニオンが突然変異させられ、凶暴化した
のが「イーブルミニオン」。普段はオブジェ
でしか見かけないけど、ハロウィーン期間
の《ミニオン・グリーティング》(P41) で
出現したというウワサがあるよ。

台紙入り写真と
オリジナル
ステッカーを
セットで購入

ミニオン顔のクッキーサンド
待ち時間も世紀の発明品にくぎ付け！

MAP 3 デリシャス・ミー！
ザ・クッキー・キッチン

ミニオンたちの世紀の発明！
サクッとした食感のクッキー

世紀の発明品「クッキー製造マシン」でつくられたクッキーサンドが販売されている。ミニオンをかたどったサクッとした食感のクッキーは、甘くておいしい。

クッキーの製造工程が見え
待ち時間も退屈しない

待ち列に並ぶ間、ガラス越しに見えるミニオン・クッキーサンドの製造工程もお店の人気ポイント。ハロウィーン、クリスマスなど、期間限定のフレーバーもある。

クッキーサンドは
見た目が
バツグン！

「バナナ味」のポップコーンが買える
ポパ・ナーナ

屋根の上にミニオンがいる
特別仕様のカート

〈ミニオン・パーク〉の入口にあるポップコーンカート。屋根の上でミニオンたちがポップコーンをつくっている特別仕様のカートで、ここのフレーバーだけがバナナ味だ。ミニオン型のポップコーンバケツは、ここだけのデザインというわけではないが、他と違っていつでも扱っているので、買うならここへ。

バナナ
フレーバーの
レギュラーカップ
で550円

「スヌーピー」「キティ」「セサミ」3キャラで構成されたエリア

ユニバーサル・ワンダーランド

小さな子どもが遊べるアトラクションがたくさんあるので、ファミリーに大人気！ このエリアだけの無料システム「よやくのり」を駆使して、思い切り楽しもう！ かわいいキャラクターたちが待っているよ!!

📷 …撮影おすすめスポット

クルーにシールをもらおう
もらえるシールの種類は未知数。クルーによって四角や丸と、形もキャラもさまざま。ミニメッセージカードなどレアものが出現することもある。

ファミリーサービスを活用しよう！

16 「よやくのり」発券所

意外と混むので早目に！
16
トイレ 9

セサミストリートの仲間たちの登場スポット

セサミストリート・プラザ

天候を気にせず遊べる場所がある

日没後、ライトアップされたきらめくメリーゴーランドと一緒に

ゴーカートが2台置かれている

ベンチ多数

10 「よやくのり」発券所

トイレ 7

バッティングゲームがあるよ！

リボンで飾られた建物の壁を背景に

12

14

15

18

17

5

11

ハローキティの登場スポット

13

10

16

［スヌーピー・スタジオ］
スヌーピー監督の映画スタジオ

空飛ぶスヌーピーのライドをバックに

スヌーピーの仲間たちの登場スポット

トイレ 6

4

アトラクション
| 10 | フライング・スヌーピー | P46 |
| 11 | スヌーピー・サウンド・ステージ・アドベンチャー | P47 |

ショップ
| 16 | スヌーピー・スタジオ・ストア | P54 |

レストラン
| 4 | スヌーピー・バックロット・カフェ | P55 |

〈…ワンダーランド〉のメインキャラクターの像と、顔をモチーフにした花壇をバックに

公式HPには載っていないが、アトラクション《…カップケーキ・ドリーム》のすぐ側ではスイーツ店《ハローキティのカップケーキ・ショップ》が不定期でオープンしている。

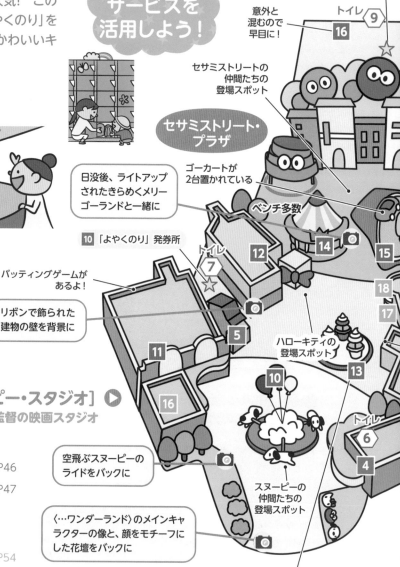

ユニバーサル・ワンダーランド

アトラクションの
身長制限がゆるい！

16 エルモの
イマジネーション・
プレイランド
P51

◀ [セサミストリート・
ファン・ワールド]
さらに3ブロックに分かれてるよ！

17 20 「よやくのり」発券所

屋外遊具が
いろいろ！
P53

ベンチ多数

19

20

17

18

8 トイレ 入口前に出し入れ自由の
コインロッカー（有料）がある

テラス席
9テーブル
ファミリーサービス

◀ [ハローキティ・
ファッション・アベニュー]
ピンクのリボンでいっぱい！

基 本 情 報

女子トイレ個室数
⑥ 2個＋多機能トイレ1個＋男の子用1つ
⑦ 9個＋多機能トイレ1個、おしめ替え台1台
★女性専用
⑧ 23個＋多機能トイレ 1個＋男の子用1つ、
　おしめ替え台1台
⑨ ファミリータイプ8個
　（内 1個は男性用側から入る）

ベンチ……多
屋内・屋外ともに座れる場所がたくさんある

暑さ、寒さよけ……あり

雨よけ……多
屋内施設が多数あるので雨天でも楽しめる

コインロッカー……あり
★ 400円＋デポジット 100円／日（出し入れ自由）
全30個

暑さ寒さ対策

屋内施設内では空調が効いている。夏の水分補給に便利な自動販売機が「ファミリーサービススペース」の奥、17《…ゴーゴー・スケートボード》（P52）へ抜けた道の先にある。

19 セサミ・
セントラル
パーク

アトラクション攻略のツボ 「よやくのり」は無料！

「よやくのり」システムとは？

「よやくのり」とは、無料の優先入場予約システム。エリア内4つのライドに導入されている。混雑具合によるが、ほとんど待たずに乗車できるので、無料で長い待ち時間が短縮できる。

◆◆◆ 使い方 ◆◆◆

① 公式アプリ（P18）でe整理券を取得するか、ライド入口付近の発券所で利用者全員分のスタジオ・パスのバーコードをかざす（3歳以下は不要なので、代わりにライド利用人数をボタンで登録する）。

▼

② 利用したい時間帯（選択は5分ごと、1時間枠）を選んで発券。

▼

③ その時間帯にライドへ行き、「よやくのり」専用待ち列に並ぶ。

「よやくのり」できる4つのライド

1) フライング・スヌーピー
2) エルモのバブル・バブル
3) エルモのゴーゴー・スケートボード
4) モッピーのバルーン・トリップ

※利用時間帯が来るまで次の予約はできない。
※SR（P102）との併用は不可。
※利用は18時まで。ただし定員になり次第発券終了。

スヌーピーの背に乗るライドは 自由に高さを変えられる

MAP 10 フライング・スヌーピー
[スヌーピー・スタジオ]

スヌーピー型の2人乗りライドが上昇し、旋回する。速度は比較的ゆるやかで、子どもやシニアにおすすめ。座席は大人2人が乗れる広さ。左右座席中央のレバーを上下すれば、ライドの飛行する高さを調整できる。ワンダーランド内では、待ち時間が長めのライド。

夜景を楽しむ
夜ライドも
GOOD

アトラクションデータ

人気度 / ジュニア子供向け / ファミリー向け / 絶叫度 / なごみ度 / 回転率

タイプ

ライド屋外

混雑度

C

攻略ツール

E-PASS なし ／ よやくのり ／ CS ／ SR

おもな制限事項

身長122cm以上
（付き添い有92cm以上）／
妊婦不可／体調不良要相談

子どもが怖がるポイント

暗 高 速 怖
音 落 振 揺

待ち時間

時刻	平日	混む平日	休日	激混み
8	10	10	10	10
9	10	10	30	70
10	20	20	50	80
11	30	30	50	80
12	30	40	50	80
13	30	40	50	80
14	30	40	50	100
15	30	40	50	100
16	30	40	50	100
17	30	30	40	90
18	30	30	30	50
19	20	30	20	40
20	-	-	10	30

ライドに乗れない小さい子のいる ファミリーお助けスポット

改修中

MAP 11 スヌーピー・サウンド・ステージ・アドベンチャー
[スヌーピー・スタジオ]

ライドに乗れない小さな子どもも十分楽しめる、映画スタジオを再現した屋内プレイランド。屋内施設なので、**季節や天候に左右されず楽しめる**。年齢制限はないが、子どもが遊ぶそばに、大人がついておく必要はある。

各セットは仕掛けを動かしたり、着せ替えゲームやパズルゲームで遊んだり、音を出してみたりと楽しい仕掛け満載。大人は、子どもが自由な発想で探る様子を見守るだけで大丈夫。**マンガの内容を忠実に再現したセット**で、記念撮影をどうぞ！

子どもが体を動かして遊べる 映画セットや仕掛け探しが満載

アトラクションデータ

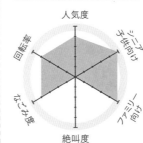

人気度 / シニア子供向け / ファミリー向け / 絶叫度 / なごみ度 / 回転率

おもな制限事項

年齢制限なし
※12歳以下奨励

子どもが怖がるポイント

暗 高 速 怖
音 落 振 揺

タイプ

プレイランドなど

混雑度

C

攻略ツール

E-PASS なし / おまちなし / PCS / SR

ここにも注目！ 達人テク

[スヌーピー・スタジオ] エリアでは雨になると、スヌーピーやチャーリー・ブラウンたちがスタジオ内に現れ、一緒に写真を撮ってくれる。《シュローダーのサウンド・スタジオ》あたりに来ることが多いので、探してみよう。

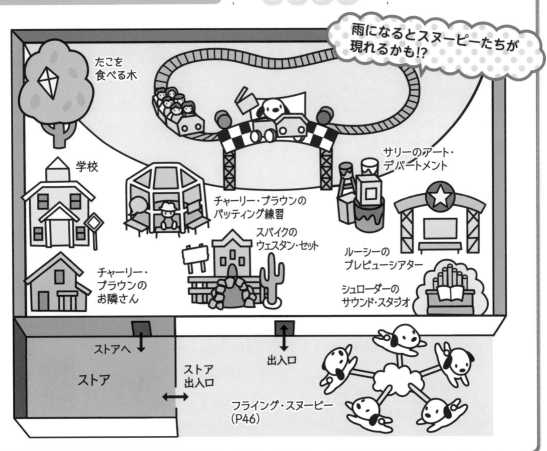

雨になるとスヌーピーたちが現れるかも!?

たこを食べる木

学校

チャーリー・ブラウンのバッティング練習

スパイクのウェスタン・セット

サリーのアート・デパートメント

ルーシーのプレビューシアター

シュローダーのサウンド・スタジオ

チャーリー・ブラウンのお隣さん

ストアへ

ストア

ストア出入口

出入口

フライング・スヌーピー(P46)

ユニバーサル・ワンダーランド

キティとおしゃべりできる
ファッションギャラリー

MAP 12 ハローキティの リボン・コレクション
[ハローキティ・ファッション・アベニュー]

キティデザインのファッションアイテムを展示したギャラリーを見学。最後にキティと並んで撮影ができるウォークスルー＆グリーティング形式のアトラクション。しかし、ゲストのカメラではキティとの記念撮影は不可。**カメラマンが撮った写真を出口で購入できる。**

登録した名前をキティが呼んでくれる

アトラクションデータ

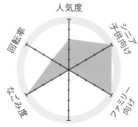

人気度／シニア子供向け／ファミリー向け／絶叫度／なごみ度／回転率

タイプ

ウォークスルー屋内

混雑度

E

攻略ツール

E-PASS なし

CS SR

待ち時間

時刻	平日	混む平日	休日	激混み
8	10	10	10	10
9	10	10	10	10
10	10	10	10	20
11	10	10	10	30
12	10	20	10	30
13	10	20	20	40
14	10	20	20	40
15	10	20	20	40
16	10	20	20	40
17	10	10	10	30
18	10	10	10	30
19	10	10	10	30
20	-	-	10	20

おもな制限事項

年齢制限なし
※3〜6歳奨励

子どもが怖がるポイント

暗 高 速 怖
音 落 振 揺

中央のハンドルで
スピンの速度は自由自在

MAP 13 ハローキティの カップケーキ・ドリーム
[ハローキティ・ファッション・アベニュー]

カップケーキ型ライドでスピンを楽しむアトラクション。ゲストは丸いカップに、ハンドルを囲むように乗り込む。音楽とともにスタートすると、12個のカップを乗せた地面全体が回転、さらに3個ずつ乗せた丸い地面は逆方向に回転するので、ほどよいスピンに。

ただし中央のハンドルを強く回せば、体感できる遠心力はかなり増す。反対にスピードが怖い場合は、ハンドルを押さえておけば**回転をゆるめることもできる。**好みの回転速度を楽しもう。カップは5人乗り。

ハンドルは意外に重いので大人がヘルプをしてあげよう

アトラクションデータ

人気度／シニア子供向け／ファミリー向け／絶叫度／なごみ度／回転率

タイプ

ライド屋外

混雑度

E

攻略ツール

E-PASS なし

CS SR

待ち時間

時刻	平日	混む平日	休日	激混み
8	10	10	10	10
9	10	10	10	10
10	10	10	10	20
11	10	10	10	20
12	10	10	10	20
13	10	10	10	20
14	10	10	10	20
15	10	10	10	20
16	10	10	20	30
17	10	10	10	30
18	10	10	10	20
19	10	10	10	20
20	-	-	-	10

おもな制限事項

身長122cm以上
（付き添い有の場合制限なし）／
妊婦不可／体調不良要相談

子どもが怖がるポイント

暗 高 速 怖

音 落 振 揺

大人が付き添えば身長制限ナシ
13種の動物メリーゴーランド

MAP 14 ビッグバードの ビッグトップ・サーカス
[セサミストリート・ファン・ワールド]
[「セサミストリート・プラザ」]

色とりどりの動物たちにまたがれるメリーゴーランド。乗り込める動物はカラフルな13種類、61台。セサミストリートのビッグバード率いるサーカス団だ。7台はセサミストリートのキャラクターが並ぶ2～4人掛けのシート。

小さい子どもでも、**支柱をもち動物にまたがっていられるなら、同伴者付きで身長制限なく乗れる**。そばで支えてあげられるので幼児でも楽しめる。案外適度な速さがあり、大人でも爽快な気分になれる。

上下の動きがない動物は支柱に緑テープあり

アトラクションデータ

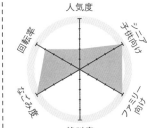
人気度／シニア子供向け／ファミリー向け／絶叫度／なごみ度／回転率

おもな制限事項

身長122cm以上
（付き添い有の場合制限なし）
／妊婦要相談／体調不良要相談

子どもが怖がるポイント

暗 高 速 怖 / 音 落 振 揺

タイプ

ライド屋外

混雑度

E

攻略ツール

E-PASSなし CS SR

待ち時間

時刻	平日	混む平日	休日	激混み
8	10	10	10	10
9	10	10	10	10
10	10	10	20	20
11	10	10	20	40
12	10	10	20	30
13	10	10	20	30
14	10	10	20	40
15	20	20	20	40
16	20	20	30	40
17	10	10	20	30
18	10	10	20	30
19	10	10	20	30
20	-	-	10	20

ユニバーサル・ワンダーランド

3歳以上未就学児だけが乗れる
アクセルのみの簡単ゴーカート

MAP 15 エルモのリトル・ドライブ
[セサミストリート・ファン・ワールド]
[「セサミストリート・プラザ」]

大人はコースの外からライドする子どもたちを応援できる。ベストショットを撮ってあげよう。**乗り方は簡単**。進みたい方向にハンドルを回し、アクセルを踏めば進み、離せば止まる仕組み。**スロースピードで安全**。途中で止まっても、クルーがすぐに来てくれる。

カートに乗るまでは大人の付き添いOKだよ

アトラクションデータ

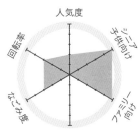
人気度／シニア子供向け／ファミリー向け／絶叫度／なごみ度／回転率

おもな制限事項

3～5歳および6歳の
未就学児のみ可
／体調不良要相談

子どもが怖がるポイント

暗 高 速 怖 / 音 落 振 揺

タイプ
ライド屋外

混雑度

E

攻略ツール

E-PASSなし CS SR

待ち時間

時刻	平日	混む平日	休日	激混み
8	10	10	10	10
9	10	10	10	10
10	20	20	20	30
11	20	20	20	30
12	20	20	20	30
13	20	20	20	30
14	20	20	20	40
15	20	20	20	40
16	20	20	20	30
17	20	20	20	30
18	10	10	10	20
19	10	10	10	20
20	-	-	10	10

ユニバーサル・ワンダーランド

スリルはほんの一瞬だけ
ライドデビューに最適な急流すべり

MAP 16　エルモのバブル・バブル
[セサミストリート・ファン・ワールド]
「エルモのイマジネーション・プレイランド」

　前後に分かれて2名で乗車するボートでの急流すべり。ライドのモチーフはエルモのペット、金魚のドロシー。楕円を描く**泡の川をぷかぷか**と進み、**小さな急流をすべり下りて終了**。ゆるやかな高低差なので、スリルは一瞬。落ちるライドが苦手な人や、初めてスリリングなライドを体験する子どもにはおすすめだ。

　前席は子ども限定なので、大人2人でのライドは無理だが、1人乗りならOK。回転率が低いため、待ち時間はやや長め。「よやくのり」を活用しよう！

> 水ぬれはほとんどなく
> 子どもと一緒にボートを楽しめる

アトラクションデータ

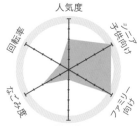

人気度／シニア・子供向け／ファミリー向け／絶叫度／なごみ度／回転率

おもな制限事項

身長122cm以上
（付き添い有92cm以上）
／妊婦不可／体調不良要相談

子どもが怖がるポイント

暗　高　速　怖
音　落　振　揺

タイプ

ライド屋内

混雑度

C ★

攻略ツール

E-PASS なし　よやくのり　CS　SR

待ち時間

時刻	平日	混む平日	休日	激混み
8	10	10	10	10
9	10	10	30	30
10	20	10	60	70
11	30	30	60	70
12	30	50	80	100
13	30	50	80	100
14	40	60	90	100
15	50	70	90	110
16	60	70	90	110
17	40	60	90	100
18	20	30	30	70
19	10	20	30	50
20	-	-	20	30

DJと踊る参加型アトラクション
最後に紙ふぶきのごほうびが！

MAP 16　モッピーの ラッキー・ダンス・パーティ
[セサミストリート・ファン・ワールド]
「エルモのイマジネーション・プレイランド」

　DJ役の元気なお姉さん（お兄さん）に合わせて、**子どもたちも一緒に歌ったり踊ったりして楽しめる**。小さな子どもでもまねできるような簡単なダンスなので、未体験でも見よう見まねで踊れる。ショーの開催時間はパーク入口の「ショー・スケジュール」に表示される。

> ダンス後は
> モッピーと
> 写真が撮れる

アトラクションデータ

人気度／シニア・子供向け／ファミリー向け／絶叫度／なごみ度／回転率

おもな制限事項

6歳以下は大人の付き添いが必要
※12歳以下奨励

子どもが怖がるポイント

暗　高　速　怖
音　落　振　揺

タイプ

プレイランドなど

混雑度

D ★

攻略ツール

E-PASS なし　よやくのり　CS　SR

ここにも注目！
達人テク

　ごほうびの紙ふぶきは、キラキラと光りながら宙を舞い、子どもたちの目をくぎ付けにしてくれる。よく見れば、星や花、ひし形、ハートに切り抜かれている。拾った紙ふぶきに日付とコメントを記入すれば、ちょっとした記念になる。

身長制限も時間制限もナシ
自由に遊べる子どもの楽園！

MAP 16 エルモのイマジネーション・プレイランド
[セサミストリート・ファン・ワールド]

ブロックやボールプールなど、イマジネーションを刺激する遊具がいっぱい。ここにある室内アトラクションは、《エルモのバブル・バブル》(P50)と、《…ラッキー・ダンス・パーティ》(P50)の他に4つ。それぞれ奨励年齢はあるが、**誰でも自由に出入りして遊ぶことができる。**

巨大ブロックやボールプールなど、**単純で飽きのこない遊具が勢ぞろい。**ベンチの数も充実しているので、大人が休憩しながら安心して見守ることができる。建物の奥には、家族3〜4人が同時に入れるファミリートイレもある。

**遊具はすべて安全な素材ばかり
毎日洗浄されていて清潔で安心**

アトラクションデータ

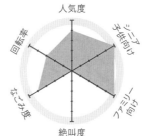

人気度 / シニア・子供向け / ファミリー向け / 絶叫度 / なごみ度 / 回転率

おもな制限事項

アトラクション別に奨励年齢あり

子どもが怖がるポイント

暗 高速 怖 音 落 振 揺

タイプ

プレイランドなど

混雑度

B

攻略ツール

E-PASS なし

ここにも注目！ 達人テク

[スヌーピー・スタジオ]に比べてベンチはかなり多いにもかかわらず、休日は足りない状態だ。《エルモのバブル・バブル》のまわりにはレジャーシートを敷いて座っているゲストもいるが、マナー的にも問題なのでやめておこう。

数々の遊具に子どもは夢中！
その間に大人は一休みできる

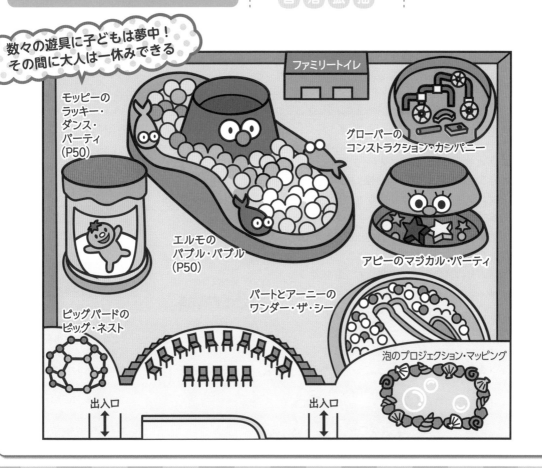

ファミリートイレ

モッピーの
ラッキー・
ダンス・
パーティ
(P50)

グローバーの
コンストラクション・カンパニー

エルモの
バブル・バブル
(P50)

アビーのマジカル・パーティ

ビッグバードの
ビッグ・ネスト

バートとアーニーの
ワンダー・ザ・シー

泡のプロジェクション・マッピング

出入口　出入口

ユニバーサル・ワンダーランド

巨大スケボーが大きくスライド
スリル好きなら両端の席へ

MAP 17 エルモの
ゴーゴー・スケートボード
[セサミストリート・ファン・ワールド]
[「セサミ・セントラルパーク」]

エルモが操るスケートボードに乗り込み、ハーフパイプの上を大きくスライドするアトラクション。上下運動に加え、ライド途中から**ボード自体も回転を始める**。予測不可能な動きをぜひ体感してほしい。座る位置で回転が変わり、かかる遠心力も違うのがポイント。

最後尾の席は振り回されてスリル最高！

スリルあり！

動きが少ない

アトラクションデータ

人気度／シニア子供向け／ファミリー向け／絶叫度／なごみ度／回転率

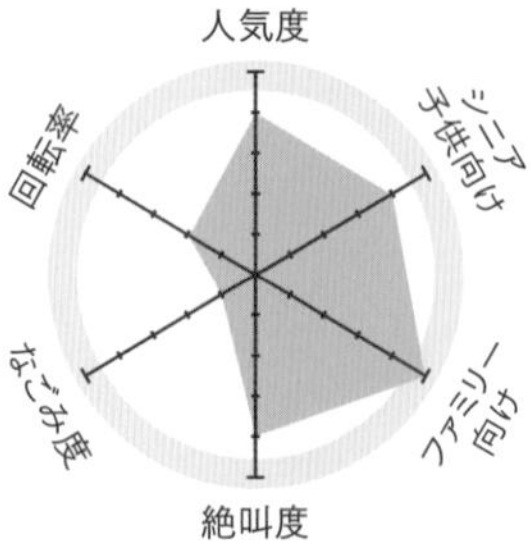

おもな制限事項

身長122cm以上
（付き添い有92cm以上）
／妊婦不可／体調不良不可

子どもが怖がるポイント

暗 高 速 怖
音 落 振 揺

タイプ

ライド屋外

混雑度

D

攻略ツール

E-PASSなし／よやくのり／CS／SR

待ち時間

時刻	平日	混む平日	休日	激混み
8	10	10	10	10
9	10	10	10	10
10	10	10	40	50
11	10	10	50	60
12	10	10	50	70
13	10	10	60	70
14	20	20	60	70
15	20	20	60	70
16	30	30	60	80
17	20	20	40	80
18	20	20	30	70
19	10	10	30	40
20	-	-	10	30

小学生向け本格仕様ゴーカートは
大人が一息つける穴場

休止中

MAP 18 セサミのビッグ・ドライブ
[セサミストリート・ファン・ワールド]
[「セサミ・セントラルパーク」]

利用できるのは**小学生（6～12歳）のみ**。アクセルとブレーキを使った本格的なカートで遊べる。もちろんスピードはゆるやか。ルートは対面式の2車線で、ロータリーや一時停止線などがある複雑なコース。

子どもは自分の目で表示を確認して、道を選び進む。ルールを守らなければ他の車とぶつかることも。ただし止まっても、クルーが助けてくれるので心配はない。ゴーカート初心者にもおすすめ。楽しいドライブ体験を通して**自然とマナーを学べる**アトラクションだ。

運転に夢中になる子どもを見守りながら大人が一息つける穴場スポット

アトラクションデータ

人気度／シニア子供向け／ファミリー向け／絶叫度／なごみ度／回転率

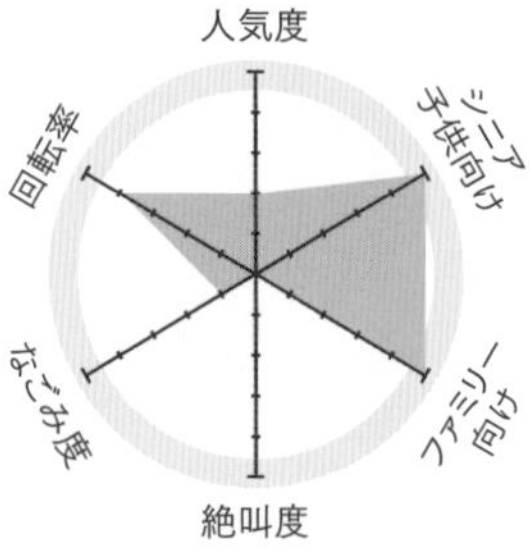

おもな制限事項

6～12歳のみ可

子どもが怖がるポイント

暗 高 速 怖
音 落 振 揺

タイプ

ライド屋外

混雑度

E

攻略ツール

E-PASSなし／のり／CS／SR

ここにも注目！ 達人テク

ニューヨークのセントラルパークをモデルにしたドライブコースは、右側通行の対面式だ。進む方向は矢印で路面に表示され、ロータリーに合流する手前には一時停止線もある。子どもは自分の目でそれらを確認して、進まなければいけない。

滑り台や水遊びなどの屋外スペース
タオルや着替えを用意して遊ぼう

一部休止中

MAP 19 セサミ・セントラル
パークプレイランド
[セサミストリート・ファン・ワールド]

《…バルーン・トリップ》（P54）あたりから《…ビッグ・ドライブ》（P52）に向かうなだらかな坂の途中にある**4つの屋外型アトラクション**。滑り台やアヒル流し、アスレチック、水遊びなどで楽しめる。

《ウォーター・ガーデン》や《…ラバーダッキー・レース》など、屋外ならではの水や坂を使った遊具は子どもに大人気。**夏場はとくに大混雑**で、確実に水にぬれるので、タオルや着替えが必要だ。坂道は階段とスロープ両方あり、ベビーカーでも下まで降りられる。

**滑り台以外で遊ばせる際は
大人の見守りが必要**

アトラクションデータ

人気度 / ジュニア子供向け / ファミリー向け / 絶叫度 / なごみ度 / 回転率

おもな制限事項

アトラクション別に奨励年齢あり

子どもが怖がるポイント

暗 高 速 怖
音 落 振 揺

タイプ

プレイランドなど

混雑度

D

攻略ツール

E-PASS なし

**ここにも注目！
達人テク**

『セサミストリート』といえば、人気の「エルモ」。しかしアメリカのTV番組『セサミストリート』に登場した当初は、名前もない脇役だった。のちに好奇心旺盛なキャラに変わって以降、今の人気を得るようになったのだ。

ユニバーサル・ワンダーランド

エルモのイマジネーション・プレイランド（P51）

よやくのり
発券所

ウォーター・
ガーデン

アビーの
マジカル・
ツリー

クッキー
モンスター・
スライド

アーニーの
ラバーダッキー・レース
休止中

長～い
滑り台

ユニバーサル・ワンダーランド

ゴンドラに乗って空中遊泳
どれに乗っても**エリア全体を見晴らせる**

MAP 20 モッピーの バルーン・トリップ
[セサミストリート・ファン・ワールド]
「セサミ・セントラルパーク」

セサミのキャラクターたちの顔をモチーフにしたライド。バルーンからぶら下がるゴンドラに乗って、空中遊泳を楽しめる。バルーンは**最高8メートル**まで浮かび上がる。

柱のまわりを旋回しながら上昇し始めると同時に、ゴンドラ自体も回転するので、どこに乗っても360度〈ユニバーサル・ワンダーランド〉**全体を眺められる**。

座席の真ん中にある丸いハンドルを回せば、ゴンドラの回転を操れる。自転しているが、回すほどに回転速度は増す。

> 8メートルの高さで回れば
> ちょっとしたスリルも味わえる

アトラクションデータ

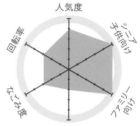

人気度 / シニア / 子供向け / ファミリー向け / 絶叫度 / なごみ度 / 回転率

タイプ	混雑度
ライド屋外	D

攻略ツール

E-PASSなし / よやくのり / CS / SR

おもな制限事項

身長122cm以上
（付き添い有92cm以上）
／妊婦不可／体調不良不可

子どもが怖がるポイント

暗 高 速 怖
音 落 振 揺

待ち時間

時刻	平日	混む平日	休日	激混み
8	10	10	10	10
9	10	10	10	20
10	10	10	40	50
11	20	20	40	50
12	20	20	40	50
13	20	20	40	60
14	30	30	50	60
15	30	30	60	60
16	30	30	50	70
17	30	30	40	70
18	30	30	30	60
19	10	10	30	50
20	-	-	10	30

スヌーピーグッズならココ
大型店で品ぞろえが豊富！

MAP 16 スヌーピー・スタジオ・ストア
[スヌーピー・スタジオ]

ベビー用から衣類がいっぱい 親子でおそろいをゲットしよう！

《スヌーピー・サウンド・ステージ・アドベンチャー》（P47）に隣接する大型ショップ。衣料品は**ベビーやキッズのサイズもあり、親子でそろう**。凝ったパッケージのお菓子も盛りだくさん。

季節イベント時期には 期間限定アイテムが登場！

ハロウィーンやクリスマスなどには、イベント仕様のスヌーピーグッズが登場。ハロウィーンでは、**スヌーピーの耳付きカチューシャ**がおすすめ。仮装気分を味わって。

> 毎年違う
> イベントグッズは
> ココでゲット！

スヌーピー
顔フード付き
パーカー（キッズ用）

スヌーピー耳付き
カチューシャ

子どもが喜ぶメニューが豊富
混雑するので**ランチは11時までにGO！**

MAP 4 スヌーピー・バックロット・カフェ
[スヌーピー・スタジオ]

**大人気！ 食事やパッケージに
スヌーピーがいっぱい！**

パスタやバーガー、デザートが味わえるカフェ。
店内外に座席があり比較的広い。内装デザインは
もちろん、スヌーピー顔のデザートや、スヌーピーグッ
ズ付きの食事など、とにかくスヌーピーがいっぱい。
**ランチタイムは長蛇の列なので、11 〜 13時前後は
外すのがおすすめ。**

スヌーピーが
乗っている
飛行機型の
テーブル席

ユニバーサル・
ワンダーランド

大好きな
キャラクターと
ふれあおう！

エリア内グリーティングスポット

チャーリー・ブラウンやスヌーピー、キティや
ダニエル、エルモやモッピーなどにふれあえる

★ セサミストリート・
ファン・ワールド

《エルモのイマジネーション・プレイランド》（P51）前に、
**エルモとクッキーモンスターを中心としたセサミの仲間が登
場する。**《…リトル・ドライブ》（P49）周辺の場合もあり。

はいチーズ!!

ハグや
写真撮影も
OK♪
思い切って声を
かけてみよう！

★ スヌーピー・スタジオ

『ピーナッツ』の仲間たちから、**チャー
リー・ブラウン、ルーシー、スヌーピー**
が登場。たいていエリア入口正面の《フ
ライング・スヌーピー》（P46）前で、交
流タイムとなる。

★ ハローキティ・
ファッション・アベニュー

《…リボン・コレクション》（P48）前に、**キティと彼
氏のダニエルが登場。**遠くまで移動することはない。

子どもも大人も楽しめる！

ゲームコーナー

MAP 10 スペース・キラー
〈ミニオン・パーク〉

3段に積み上げられた、計6個の的をバズーカで撃ち落とすゲーム。

MEMO
4球……1500円
ミニオン・マルチ・チョイス・チケット……2500円
※ミニオンのカーニバルゲーム共通で、計2ゲームできる
景品……ミニオンぬいぐるみ各種

ここを狙おう！

中央の席ならチャンス!?

よーく狙ってボールを発射！中・下段の境目少し横を狙おう

MEMO
★マークは「マルチ・チョイス・チケット」対応！ 5000円で、同料金のカーニバルゲームならどれでも合計5ゲームできる

MAP 11 バナナ・カバナ
〈ミニオン・パーク〉

バナナを飛ばし、トーテムポールの周囲を回るヤシの実に入れるゲーム。

バナナを飛ばしてヤシの実にIN！テクニック勝負のゲーム

MEMO
バナナ4本……1500円
ミニオン・マルチ・チョイス・チケット……2500円
※ミニオンのカーニバルゲーム共通で、計2ゲームできる
景品……ミニオンぬいぐるみ各種

MAP 19 バート＆アーニーのプロップショップ・ゲーム・プレイス
〈ユニバーサル・ワンダーランド〉

ソフトボール大のゴムボールを転がして穴に入れるゲーム。

側壁に軽くワンバウンドさせて勢いを抑えるのがコツ

★ **MEMO**
5球×2回……1200円
景品……モッピー/バート/アーニーのぬいぐるみ

MAP 37 フェスティバル・イン・ザ・パーク
〈ニューヨーク・エリア〉

バケツのなかにボールを投げ入れる「タブ・トス」など、4種類ある。

大人もつい燃えてしまうカーニバルゲームで景品ゲット

★ **MEMO**
クレイジー・カーニバル……1200円
ゴブレット・ロブ……1200円
タブ・トス……1200円
アン・ボール……1200円
景品……USJ人気キャラクターのぬいぐるみ

タブ・トス

MAP 43 アミティ・ボードウォーク・ゲーム
〈アミティ・ビレッジ〉

コインを1枚ずつ投げ、お皿に乗せる「コインピッチ」など、2種類のゲームができる。

大人も子どもも楽しめる2種類のカーニバルゲーム

★ **MEMO**
コインピッチ……1200円
ブロックバスター……1200円
景品……USJ人気キャラクターやサメのぬいぐるみ

コインピッチ

バッチリ決まった写真を思い出に
インスタ映えスポット ❶

名作映画のセットや建物がある
1 《ユニバーサル・スタジオ・
スーベニア》の横の壁
〈ニューヨーク・エリア〉

壁や戸を背に
するだけで、
映画の主人公に
なった気分♪

休憩しながらパシャリ
2 「グラマシー
パーク」の芝生
〈ニューヨーク・エリア〉

自然豊かな
外国の公園みたい！

《フィネガンズ・バー
&グリル》横の脇道。
人通りが少ないのも
GOOD！

通称「インスタ通り」
3 デランシー
ストリート
〈ニューヨーク・エリア〉

地球儀の手前にある
石段に立って撮影すると
イイ感じ！

4
一番人気の撮影場所
ユニバーサル・
グローブ
入場ゲート付近

場所は付録
「USJ攻略MAP」
でチェック！

「いいね」を
増やすコツ

パーク内で撮影後すぐにアップロードするより、インスタ利用者が
多くなる21〜23時に投稿したほうが、見てくれる人が多くなる。

映画に登場した名所や建物が並ぶ
「映画の都」の街並みを再現

ハリウッド・エリア

メインゲートを抜けると、そこは映画産業の大都市「ハリウッド」。1930～1940年代の街並みを再現した通りには、映画に登場する名所や建物がズラリと建ち並ぶ。USJの限定グッズが買えるショップやキャラクターのグリーティングも多いエリアだ。

📷 …撮影おすすめスポット

ハリウッド・エリア

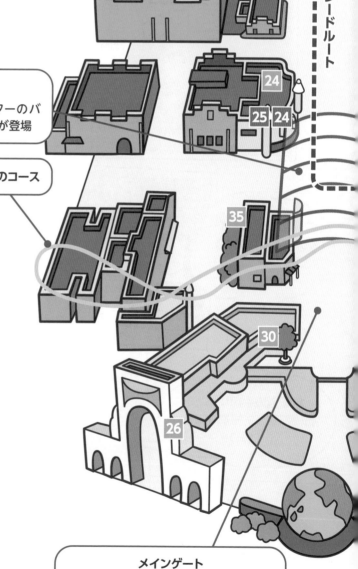

パレード（P12）も楽しみ！

パレードルート

キャノピー
午後になるとキャラクターのバルーンを販売するクルーが登場

《ハリウッド・ドリーム・ザ・ライド》のコース

メインゲート
グリーティングを行なっていることが多い。さまざまなキャラクターに出会える

イルミネーション・シアター

基本情報

女子トイレ個室数

⑩ 19個＋多機能トイレ1個、水飲み場あり

⑪ 19個＋多機能トイレ2個、水飲み場あり ★女性専用

⑫ 21個＋多機能トイレ1個、水飲み場あり

ベンチ……多
キャノピー下の通りの両脇に点在

暑さ、寒さよけ……なし
特別な設備はないが、ショップに入ればよけられる

雨よけ……多
キャノピー下は傘がなくても移動がらくらく！ ショップも多数

自動販売機
まわりにはいくつかベンチがあり、休憩に使える

ハリウッド・ウォーク・オブ・フェイムのUSJ版
歩道には映画スターの名前を刻んだ星形のプレートが63個ある

ハリウッド大通り
キャラクターのグリーティングが多い。この通りに専門店があるキティなどに出会える

ミニオンと記念撮影
2体のミニオンのフォト・オポチュニティがある撮影スポット

ハリウッド・ムービー・メーキャップ（P95）
フェイスペイントをしてもらうならココ。イベント開催中には特別バージョンも！

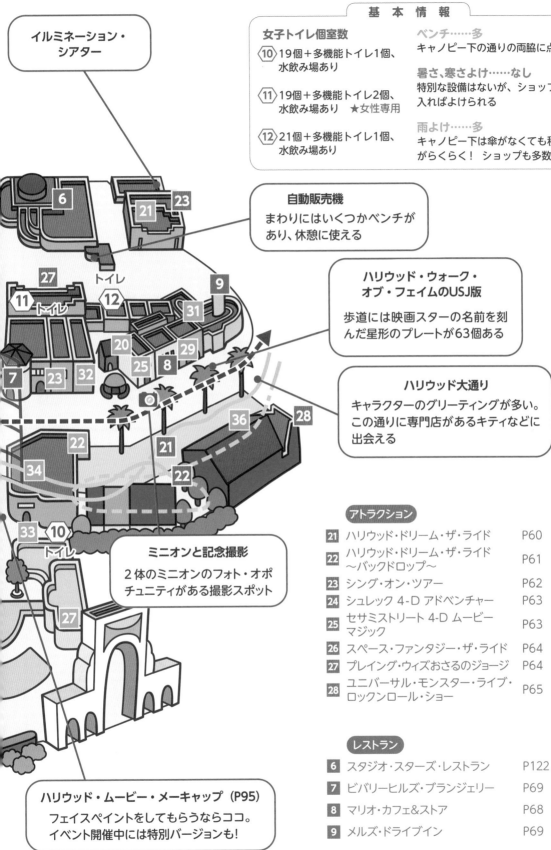

アトラクション

21	ハリウッド・ドリーム・ザ・ライド	P60
22	ハリウッド・ドリーム・ザ・ライド ～バックドロップ～	P61
23	シング・オン・ツアー	P62
24	シュレック 4-D アドベンチャー	P63
25	セサミストリート 4-D ムービーマジック	P63
26	スペース・ファンタジー・ザ・ライド	P64
27	プレイング・ウィズおさるのジョージ	P64
28	ユニバーサル・モンスター・ライブ・ロックンロール・ショー	P65

レストラン

6	スタジオ・スターズ・レストラン	P122
7	ビバリーヒルズ・ブランジェリー	P69
8	マリオ・カフェ&ストア	P68
9	メルズ・ドライブイン	P69

浮遊感が爽快な人気コースター
Eパスなしで狙うなら開園直後か閉園間際

MAP 21 ハリウッド・ドリーム・ザ・ライド

パーク内を縦横無尽に駆け抜ける屋外型の絶叫マシン。シートの耳元にスピーカーがあり、選んだBGMを走行中楽しめる。足が浮いた状態でシートに座るため、**従来のコースターより浮遊感**が増す設計だ。爽快感のある滑らかな走行はまるで空を飛んでいるよう。同レーンを後ろ向きに走行する《…〜バックドロップ〜》も要チェック。

人気ライドだけに行列は絶えないが、混雑時を避ければ大幅に待ち時間の短縮ができる。**大雨や強風の時には運行中止になる場合がある**ので注意しよう。

> 最高43メートルからの急降下と
> 2重らせんを上がる爽快感が魅力

重力から解放された
ような浮遊感！

アトラクションデータ

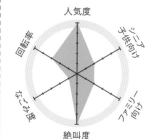

人気度／シニア子供向け／ファミリー向け／絶叫度／なごみ度／回転率

おもな制限事項

身長132cm以上／妊婦不可／体調不良要相談

子どもが怖がるポイント

 暗 高 速 怖
 音 落 振 揺

タイプ

ライド屋外

混雑度

A

攻略ツール

E-PASS よやくのり CS SR

待ち時間

時刻	平日	混む平日	休日	激混み
8	20	30	40	50
9	40	50	90	110
10	50	70	110	160
11	50	70	100	170
12	50	70	110	170
13	50	80	110	160
14	60	80	120	160
15	70	80	120	170
16	60	80	120	170
17	50	70	120	170
18	50	60	120	150
19	-	-	90	130
20	-	-	-	-

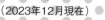 ボタンを押して好きな曲を選ぼう

1：「大阪LOVER 〜special edition for USJ〜」
DREAMS COME TRUE
2：「Shake it off」Taylor Swift
3：「Happily」One Direction
4：「Happy」Pharrell Williams
5：「Bad」Michael Jackson
（2023年12月現在）

足は少し浮いた状態

① ② ③ ④ ⑤
▶ 決定
▼ 下にスクロールして曲を選ぶ

出発前の数秒間でBGMをボタンで選んでおこう

※曲のラインナップはイベント時などの大きな節目で変わることがある

ハリウッド・エリア

後ろ向きで逆走行するコースター
Eパスなしで狙うなら**開園直後**

MAP 22 ハリウッド・ドリーム・ザ・ライド 〜バックドロップ〜

《ハリウッド・ドリーム・ザ・ライド》（P60）と同じコースを後ろ向きで駆け抜けるジェットコースター。期間限定で登場したが、**過去最高の待ち時間を記録するほどの大人気でレギュラーアトラクションになった。**

先の動きがわからないドキドキ感と後頭部から落下するような感覚に**絶叫間違いなし。**前向きとはぜんぜん違ったスリルを体験できる。

パーク1、2を争う人気で長時間待ちは確実。Eパスの利用がおすすめだ。待機列は最初、前向きタイプと一緒で途中から枝分かれする。

車両も通常より少なく混雑必至
Eパス以外の狙い目は開園直後

アトラクションデータ

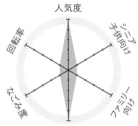

人気度／ジュニア子供向け／ファミリー向け／なごみ度／絶叫度／回転率

おもな制限事項

身長132cm以上／妊婦不可／体調不良要相談

子どもが怖がるポイント

暗　高　速　怖

音　落　振　揺

タイプ

ライド屋外

混雑度

A

攻略ツール

E-PASS／よやくのり／CS／SR

待ち時間

時刻	平日	混む平日	休日	激混み
8	20	30	50	80
9	60	80	100	140
10	60	80	130	180
11	60	70	120	190
12	60	70	120	180
13	70	80	120	170
14	70	80	120	170
15	90	100	120	200
16	90	110	150	190
17	90	100	140	180
18	90	100	140	160
19	-	-	80	130
20	-	-	-	-

ハリウッド・エリア

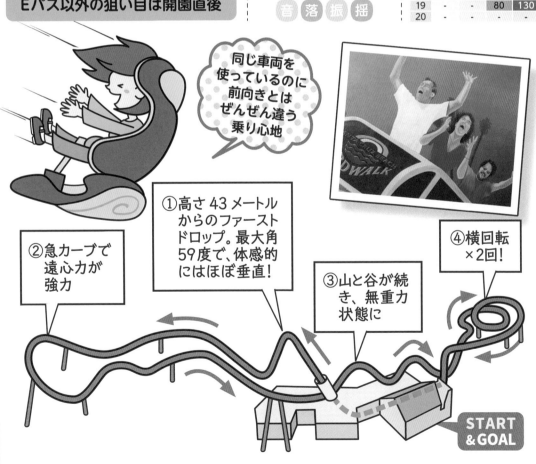

同じ車両を使っているのに前向きとはぜんぜん違う乗り心地

①高さ43メートルからのファーストドロップ。最大角59度で、体感的にはほぼ垂直！

②急カーブで遠心力が強力

③山と谷が続き、無重力状態に

④横回転×2回！

START & GOAL

見どころはキレキレのダンス！
リズムにノッて盛り上がろう

MAP 23 シング・オン・ツアー

2019年4月にオープンした、映画『SING』をテーマにしたシアター・ライブ・ショーアトラクション。「イルミネーション・シアター」で行なわれる。ミュージカル・ショー「シング・オン・ツアー」の第1回公演という設定だ。

映画に登場するキャラクターたちが、華やかな照明の下でパワフルに歌い踊る。**歌われるのは大ヒット曲ばかりで**、つい一緒に口ずさんでしまいそうだ。ライブ途中の動物たちのドタバタ騒ぎにも心がなごむ。事前に映画を観てから行ったほうが、より楽しめる。

> 「ライブのよう」ではない。
> 大迫力のライブそのもの！

アトラクションデータ

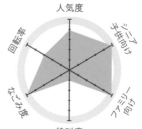

おもな制限事項

—

子どもが怖がるポイント

暗 高 速 怖
音 落 振 揺

タイプ

ショー屋内

混雑度

D

攻略ツール

E-PASS よやくのり CS SR

待ち時間

時刻	平日	混む平日	休日	激混み
8	-	-	-	-
9	30	30	30	30
10	30	30	30	50
11	30	30	30	50
12	30	30	50	50
13	30	30	50	50
14	30	30	50	50
15	30	30	50	50
16	30	30	30	50
17	30	30	30	50
18	30	30	30	30
19	終了	終了	終了	終了
20	-	-	-	-

> シアター入口にはイグアナのミス・クローリーが！

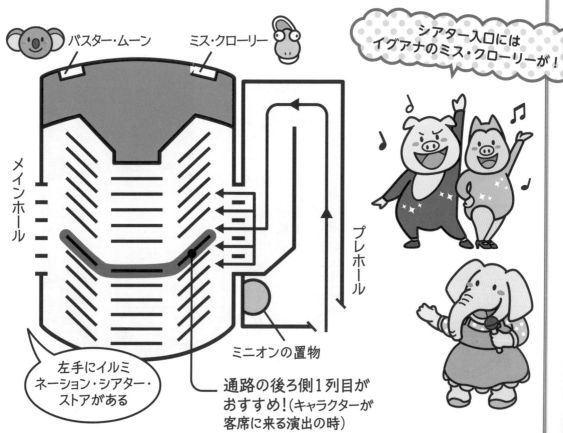

バスター・ムーン
ミス・クローリー

メインホール
プレホール

ミニオンの置物

> 左手にイルミネーション・シアター・ストアがある

> 通路の後ろ側1列目がおすすめ！（キャラクターが客席に来る演出の時）

臨場感あふれる3D映像アトラクション
意外と子どもが怖がるシーンが多い

休止中

MAP 24 シュレック 4-D アドベンチャー

座席が動いたり、水しぶきが飛んできたりと、特殊効果が加わった映画ショー。3D映像による演出で、**映画の世界に飛び込んだような感覚が**味わえる。同じシアターで《セサミストリート 4-D ムービーマジック》も上演される。

《シュレック…》で公開されるのは映画『シュレック』シリーズの続編となる**パークだけのオリジナルストーリー**。プレショーではこれまでの話が紹介される。ただし、プレホールでの箱に入ったキャラクターの会話など、映画を知らないとわからないことも多い。

プレホールで真ん中にいると
メインホールでも中央付近に座れる

アトラクションデータ

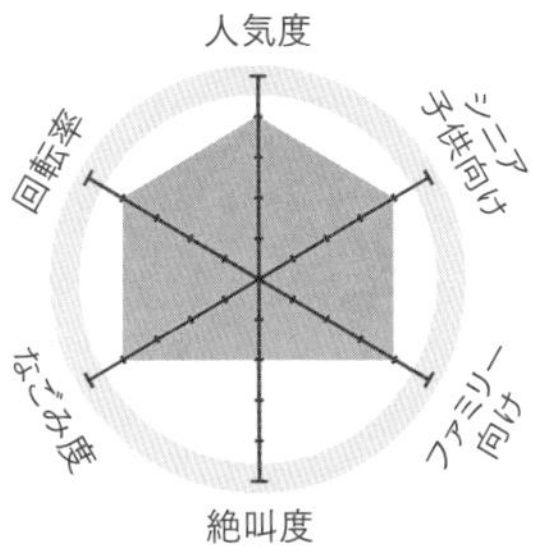

人気度 / ジュニア子供向け / ファミリー向け / 絶叫度 / なごみ度 / 回転率

おもな制限事項

妊婦不可

子どもが怖がるポイント

暗 高 速 怖
音 落 振 揺

タイプ

ショー屋内

混雑度

E

攻略ツール

E-PASS なし / おでかけのり / CS / SR

ここにも注目！ 達人テク

上演内容がよく変わり、2022年クールジャパンでは『美少女戦士セーラームーン』『ハンター×ハンター』の関連作品を上演。いつも大人気のため、長時間行列に並びたくないなら、期間限定の特別なEパスの購入を検討しよう。

ハリウッド・エリア

3D映像に香りや触感までプラス
上演は1日の前半のみ

休止中

MAP 25 セサミストリート 4-D ムービーマジック

全身で体感できる4D映像アトラクション。座席が動いたり、水しぶきが飛んできたりと、**3D映像に合わせたリアルな演出**が魅力だ。

エルモやクッキーモンスターたちとともに、空を飛んだり、海に潜ったりしながら「想像力」のすばらしさを教えてくれるストーリー。

飛んで来るクッキーにもいい香りが！

アトラクションデータ

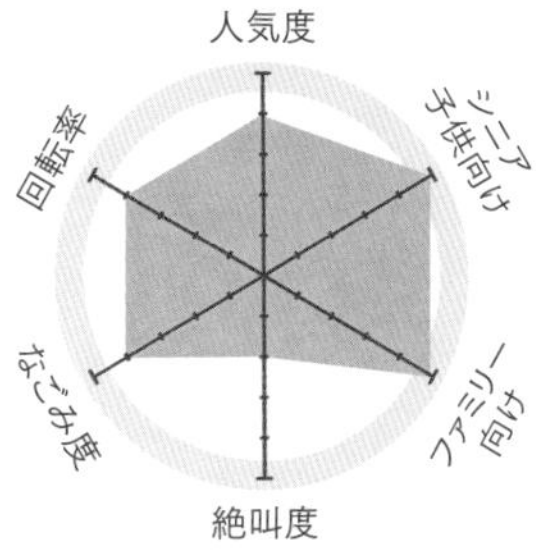

人気度 / ジュニア子供向け / ファミリー向け / 絶叫度 / なごみ度 / 回転率

おもな制限事項

妊婦不可

子どもが怖がるポイント

暗 高 速 怖
音 落 振 揺

タイプ

ショー屋内

混雑度

E

攻略ツール

E-PASS なし / おでかけのり / CS / SR

ここにも注目！ 達人テク

《セサミストリート…》は登場するキャラクターの個性や性格を知っているとより楽しめる。子どもたちにはパークに来る前に、絵本やYouTubeなどで『セサミストリート』を見せてあげると、より喜ぶこと間違いなし。

乗り込んだらまず ボタンの位置を確認すべし！

休止中

MAP 26 スペース・ファンタジー・ザ・ライド

　ソーラー・プリンセス"コスミア"のミッションを受け、エネルギーが弱まった太陽を救いに行くというストーリー。小型宇宙船「ソーラーシャトル」で宇宙空間を駆け抜ける。**レールが見えなくて予測不可能な進路と、不規則なスピン走行**で、乗るたびに違った景色と動きを楽しめる。さらに、赤いボタンを押すと何かが起こる！

　シングルライダーシステム（P102）も導入されているが、あまり時短にならないかも。シートは横並びに2人乗り。1人で乗ると知らない人と**かなり密着することになる。**

> 乗る人の体重や位置によって
> スピン回数やスピードが変わる

アトラクションデータ

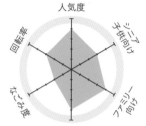

人気度／シニア子供向け／ファミリー向け／絶叫度／なごみ度／回転率

おもな制限事項

身長122cm以上
（付き添い有102cm以上）
／妊婦不可

子どもが怖がるポイント

暗 高 速 怖
音 落 振 揺

タイプ

ライド屋内

混雑度

★ C

攻略ツール

E-PASS ／ よやくのり ／ CS ／ SR

待ち時間

時刻	平日	混む平日	休日	激混み
8	10	10	10	10
9	10	20	20	50
10	10	30	60	80
11	20	40	60	100
12	20	50	70	120
13	30	50	70	110
14	30	50	70	110
15	30	50	60	110
16	30	50	60	110
17	30	40	60	100
18	30	40	50	100
19	20	40	50	90
20	-	-	30	50

ジョージを間近で見られる 待ち時間はいつも短めでうれしい！

MAP 27 プレイング・ウィズ おさるのジョージ

　キャストと3D映像のジョージがくり広げる、アニメ『おさるのジョージ』制作スタジオが舞台の**ほのぼのショー。**アニメ映像のジョージが飛び出してきて、キャストと掛け合いをしながら元気に動き回る。

　無邪気なジョージはゲストの子どもたちと遊びたがったり、協力して作業をしたり。まるでそこにジョージがいるかのように動く舞台の仕掛けにも注目。回転率がよく、**待ち時間はいつも短め。**開園直後や夜は上演しないので、「ショー・スケジュール」を確認しよう。

> 他のアトラクションが混む
> お昼頃でも入りやすい

アトラクションデータ

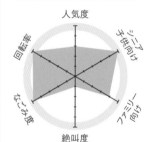

人気度／シニア子供向け／ファミリー向け／絶叫度／なごみ度／回転率

おもな制限事項

—

子どもが怖がるポイント

暗 高 速 怖
音 落 振 揺

タイプ

ショー屋内

混雑度

★ E

攻略ツール

E-PASSなし ／ よやくのり ／ CS ／ SR

待ち時間

時刻	平日	混む平日	休日	激混み
8	準備中	準備中	準備中	準備中
9	準備中	準備中	準備中	準備中
10	準備中	準備中	40	70
11	準備中	準備中	40	70
12	30	30	30	40
13	30	30	30	40
14	30	30	30	40
15	30	30	30	40
16	30	30	30	40
17	30	30	30	40
18	終了	終了	終了	終了
19	終了	終了	終了	終了
20	終了	終了	終了	終了

ハリウッド・エリア

本格的な歌とダンスの生ライブショー
なるべくステージ近くで鑑賞したい！

MAP 28 ユニバーサル・モンスター・ライブ・ロックンロール・ショー

夜の墓場を舞台に、モンスターたちが歌って踊る**生ライブショー**。ギャグを連発するビートルジュースをDJに、ドラキュラ、狼男、フランケンシュタインなどが登場し、誰もが知っているロックナンバーを次々に披露。

本格的な歌とダンスに会場は白熱間違いなし。**一番盛り上がるのは🅐前列**。ビートルジュースはステージ上から降りてきて最前列でトークする。**🅑前方ブロック通路側の席も狙い目**。フランケンがすぐそばまでやってくる！ 全体を見渡せる🅒**中央通路近くの真ん中あたり**もおすすめ。

> 1日2〜3回の開催で混雑度高め
> 40分〜1時間前のスタンバイを

アトラクションデータ

（レーダーチャート：人気度／シニア・子供向け／ファミリー向け／絶叫度／なごみ度／回転率）

おもな制限事項

呼吸器系疾患などがある場合、
利用不可／新生児不可

子どもが怖がるポイント

暗　高　速　怖
音　落　振　揺

タイプ

ショー屋内

混雑度

C

攻略ツール

ここにも注目！ 達人テク

DJのビートルジュースは追っかけファンがつくほどの人気者。このアトラクションではフラッシュさえ使用しなければ撮影OKなので、モンスターたちが魅せる最高のパフォーマンスを記録に残そう。

ハリウッド・エリア

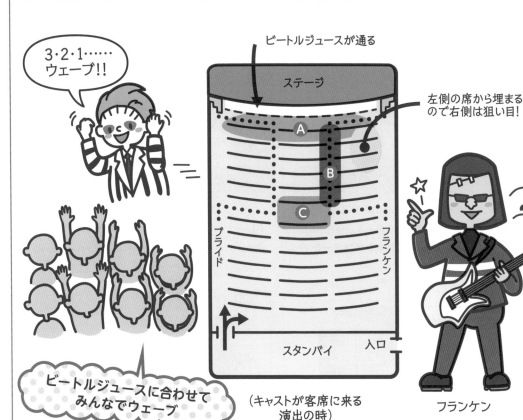

3・2・1……ウェーブ!!

ビートルジュースが通る

ステージ

左側の席から埋まるので右側は狙い目！

A
B
C

ブライド

フランケン

スタンバイ　入口

ビートルジュースに合わせてみんなでウェーブ

（キャストが客席に来る演出の時）

フランケン

買い物に時間をかけたくない人はここへ！
品ぞろえも広さもパーク最大

MAP 35 ユニバーサル・スタジオ・ストア

一通りのものがそろうので USJグッズの全容をつかめる！

パーク内No.1の面積とラインナップを誇る総合ショップ。キャラクターグッズ、イベント商品や人気アイテムが並んでいるので、「各店を回る時間が惜しい」という人にも便利。

パーク閉園前は混雑必至 夕方までに行こう

メインゲートに近く、閉園前はおみやげを求めるゲストが集中。とくに混雑日や雨の日はレジに長蛇の列が。買い物は日中に済ませてコインロッカーに預けておくのも手だ。

エルモ メガネスタンドケース

スパイダーマンなりきりパーカー

他店では買えないグッズも！
大人気キャラの専門店

MAP 23 キャラクターズ・フォー・ユー

セサミストリートグッズの専門店

キャラクターたちのぬいぐるみが定番商品。他にも、Tシャツ、お菓子など、セサミグッズが勢ぞろい。専門店だけに店の前には、**人気キャラクターたちがよく登場する。**

おしゃれな外観のストア

MAP 31 ハローキティ・デザインスタジオ

デザイナー・キティのアトリエ

パークオリジナルのハローキティグッズの専門店。**トレーナーやTシャツ**など、どれもかわいい。キティのもつ**テディベアのタイニーチャム**のグッズもある。

MAP 32 ピーナッツ・コーナーストア

最新のスヌーピーグッズはここで！

帽子やカチューシャ、おみやげに最適なお菓子はもちろん、**日常生活で使いたくなるようなおしゃれでかわいいスヌーピーグッズが豊富。**

ハリウッド・エリア

ミニオン・パークが混雑していても
ミニオン関連のグッズはここで買える！

MAP 20 イッツ・ソー・フラッフィ！

「フラッフィ」グッズの専門店

フラッフィは、映画『怪盗グルー』シリーズに登場する**ユニコーンのぬいぐるみ**。ショップはピンクと水色のかわいい外観。店内の鏡には、グルーと娘たちの写真が。

女の子向けの
ふわふわした
ものばかり

MAP 25 スタジオスタイル

ミニオンたちが店をジャック！

人気沸騰中の**ミニオングッズ**を集めたショップ。〈ミニオン・パーク〉が混んでいる時はこの店がおすすめ。クリスマスグッズや年賀はがきなど季節限定商品も。

小物やお菓子
ミニオンなら
何でもそろう

ミニオン
ゴーグル

ミニオン
スタジオパスホルダー

ハリウッド・エリア

3店舗がつながっている大型店
ハリポタ関連もお手頃グッズもそろう

MAP 34 ロデオドライブ・スーベニア

おみやげに最適なグッズが豊富

人気キャラクターグッズがそろうショップ。雑貨やウェアの他、期間限定商品も。**お手頃価格のおみやげに最適なグッズも豊富**。とくに専門店がないキャラクターはここでグッズを探そう。

普段から
使えるグッズが
いろいろ

MAP 33 ビバリーヒルズ・ギフト

パークでもっとも旬な商品がそろう

クールジャパングッズやミニオン、スヌーピーなどの最新アイテムの他、**シーズン限定品が並ぶセレクトショップ**。

MAP 22 カリフォルニア・コンフェクショナリー

パーク最大のお菓子専門店

パーク内で販売されている**お菓子のほとんどが並ぶ**。任天堂関連フードなど、おみやげに最適。中身の見本も展示されていて選びやすい。

気軽に身に着けられる
おしゃれなマリオグッズが豊富！

MAP 29 マリオ・カフェ＆ストア
（ストアサイド）

カフェとつながっている
マリオグッズの専門店

〈ニンテンドー・エリア〉のショップにはない商品も販売されているので、ぜひこちらものぞいてみよう。となりのカフェとつながっているので、グッズと食事、両方でマリオの世界を楽しめる。

普段から使いたくなる
デザインのアイテムがズラリ

〈ニンテンドー・エリア〉のショップとは違い、キャラクターのカラーやアイコンをモチーフにしたさり気ないデザインのものも多い。衣類やポーチなど、日常で使えるアイテムが充実している。

宝石部分が
キラキラしていて
かわいい！

マリオ
クッション

ピーチ姫コインケース

ハリウッド・エリア

写真映えするフードとドリンクが豊富
イスはないのでテイクアウトで

MAP 8 マリオ・カフェ＆ストア
（カフェサイド）

テンションの上がる内装は
ゲームの画面みたい！

店内の壁には、ハテナブロックやネオンのパックンフラワーなど、**ゲームの画面を再現した楽しい仕掛け**が。人が少なければ写真撮影も OK。空いている朝か夕方を狙おう。

店内は狭く混み合うので
テイクアウトが最適

店内に**テーブルはいくつかあるが、イスはない。**メニューは、キャラクターをイメージしたパンケーキ・サンドや、フルーツ・クリームソーダなど、かわいいだけでなくボリュームも十分！

ピーチ姫の
桃クリームソーダ

思わず写真に
残したくなる
かわいさ！

マリオの帽子
〜いちごのショートケーキ〜

終日営業のレストランはここだけ
ケーキやサンドウィッチが充実

MAP 7 ビバリーヒルズ・ブランジェリー

まるでビバリーヒルズの街角 フレンチスタイルのカフェ

サラダやキャラクターをモチーフにしたケーキなどもそろい、早めの軽食や休憩にぴったり。**終日営業する唯一の飲食店**で、パークのゲートにもっとも近く、待ち合わせにも便利だ。

イートインならできたて！ 軽食のテイクアウトも可能

サンドウィッチは好きな具材を選んでその場でサンドしてもらえるので、できたてが味わえる。また、袋入りのサンドウィッチやカップに入ったサラダもあり、**テイクアウトもできる**。

フレンチスタイルのランチを楽しもう！

カップサラダ

ソフトドリンク(R)

ブランジェリー・サンドセット

ハリウッド・エリア

混雑日も利用しやすい大型店
ボリュームあるハンバーガーが名物

MAP 9 メルズ・ドライブイン

パーク内有数の大型レストランは 1950年代風のレトロな雰囲気

懐かしのレコードやジュークボックスが飾られた店内。食堂車をモチーフにしたストリームライナーの座席も。座席が多く、混雑日も利用しやすい。**アメリカンサイズのバーガー**は食べごたえも十分だ。

アメ車の前で記念写真も 雰囲気はまさに映画の世界

ジョージ・ルーカス監督の映画『アメリカン・グラフィティ』に登場するドライブインを再現。店の前はアメリカの**ビンテージカーが並ぶ絶好の撮影スポット**だ。

事前に自分のスマホで注文ができる！P19をcheck！

路地を曲がれば1930年代の
N.Y.の光と影が目の前に広がる

ニューヨーク・エリア

ヒッチコック監督作品『見知らぬ乗客』のペンシルバニア駅、『ウエスト・サイド物語』の非常階段……。N.Y.の古きよき時代を描いた名画の街並みが、そこかしこに再現されている。5番街、ソーホー、リトルイタリーなど当時の多彩な街の表情を楽しもう。

不思議な形の建物
マンハッタンの「**ソロモン・R・グッゲンハイム美術館**」を再現。映画『メン・イン・ブラック』にも登場している

名画の舞台
古くは『ティファニーで朝食を』、近年では『セックス・アンド・ザ・シティ』、さらには『ウィズ』『ゴーストバスターズ』と、数多くの映画の舞台となった「**ニューヨーク公共図書館**」。背後のビル群まで再現されている

39

13

トイレ

グラマシーパーク
本家のグラマシーパークは、マンハッタンにある

ニューヨーク・エリア

基 本 情 報

女子トイレ個室数

⟨13⟩ 24個＋多機能トイレ1個、水飲み場あり

⟨14⟩ 19個＋多機能トイレ1個、水飲み場あり

ベンチ……多
ラグーンのほとりはベンチが並ぶ休憩スポット
セントラルパークや大通りにもある

暑さ、寒さよけ……あり
冬場は **14**《ルイズ N.Y. ピザパーラー》前などにパラソルヒーターが登場

雨よけ……少
37《フェスティバル・イン・ザ・パーク》には屋根がある

ブロードウェイの名劇場
「パレスシアター」。USJでは、期間限定のアトラクションの会場になる

ただのトイレではない！
トイレの建物はニューヨークの名所の1つ「ゴッサムアイスカンパニー」を再現

ルー・ワッサーマンの銅像
パークを優雅に見守るのはスピルバーグを見出したことで知られる、ユニバーサルスタジオ元社長

セントラルパーク
ニューヨーカーの憩いの場は、ゲストにとっても憩いの場。約250品種2000株のバラが植栽されている「ローズ・オブ・フェイム」もある。見頃は5月中旬〜6月中旬と10月中旬〜11月初旬

14
トイレ

10

38

14

11

パレードルート

パレード (P12)も
楽しみ！

ラグーン

37

12

13

売れ筋グッズがわかる
混雑度低めの穴場ショップ

MAP 39 ユニバーサル・スタジオ・スーベニア

実物大の
ターミネーターは
SNS映えするので
復活してほしい！

パーク内で唯一
売れ筋グッズをランキング

数多くあるショップのなかでも、ここは**売れ筋グッズをランキング形式で紹介**しているのが特徴。最新人気アイテムがすぐにわかるので、おみやげ選びにも便利。しかも、レジはたいてい空いている。

ターミネーターフリークなら
ぜひチェックするべし！

かつてターミネーター関連グッズ専門ショップだったなごりの**実物大のターミネーター像**が、2023年末に撤去された。記念撮影に絶好のポイントだったので残念。ターミネーターグッズは今も販売。

あってよかった！

いざという時、助かる!
もっていくと便利なもの

もし忘れても、パーク内のショップで購入もできる。
「おみやげを入れるバッグ」もぜひ持参していこう。

★**ビニール袋**
できればジッパー付きのナイロン袋、なければスーパーのレジ袋でもいい。大きめのものを複数枚用意しよう。

★**タオル**
水ぬれ要注意アトラクション以外にも、〈…ワンダーランド〉の屋外遊具で水にぬれる場合もある。夏のパレードはびしょぬれ確実。

★**カッパ・ポンチョ**
水ぬれ対策に必須。座席がぬれていることもあるので、お尻まで隠れる**丈の長いもの**がベスト。

★**着替え**
とくに「靴下」は確実に準備しておきたい。

★**レジャーシート**
パレードの場所取りや、休憩したい時に便利。

★**ウェットティッシュ**
小さい子どもがいる場合は用意したい。

★**抱っこひも**
小さい子連れの場合、ベビーカーが入れない場所もあるので兼用したい。

★**ひざ掛け**
アトラクションの**屋外スタンバイ**や、パレードの**場所取り**の際など、冬場に重宝する。

食事時でも並ばずにすむ！
事前予約ができるレストラン

2つの
予約方法
➡P103

MAP 11 フィネガンズ・バー＆グリル

1930年代アイリッシュパブを再現

多彩なお酒と伝統的なアイルランド料理が味わえる。注目は緑色のビアカクテル「グリーンカクテル」。メインディッシュに付いてくるパンはアイルランドの伝統料理「ソーダブレッド」。

ハーフヤード
サイズは50cm
くらいある！

生ビール

MAP 10 SAIDO

眺めのいいレストランで本格和食

パーク内唯一の本格的な和食が味わえるレストラン。シニアから子どもまで幅広い客層に人気。混雑日には事前予約（P103）が無難。

MAP 12 パークサイド・グリル

パーク随一のロケーション

ニューヨーク、セントラルパークにあるレストランがモデル。店内奥特等席はガラス張りだ。旨味が詰まった熟成肉のメニューが人気。

ピザが1ピースから注文OK
食事にもおやつにも便利！

MAP 14 ルイズN.Y.ピザパーラー

クリスピーなピッツァが自慢
カジュアルイタリアン

ピッツァをメインに、パスタやスイーツなどが楽しめるイタリアン。カフェテリア式なので気軽に利用することができる。

ピッツァは1人用のカットでも、直径約45cmもあるホールでもオーダー可。生地がライトなクリスピータイプなのも特徴だ。

ちなみに、この店の建物は、映画『ゴッドファーザー』に登場するレストランの外観を再現したもの。さらに店内にある大きなカメラは映画の撮影で実際に使われたものだ。ファンならぜひ、店の外観をバックに記念撮影をしてみては？

ホールは
直径
45cm！

LOUIES

ニューヨーク・エリア

昼と夜で別の顔を見せる、活気と情緒に満ちた港町

サンフランシスコ・エリア

アメリカ随一の観光スポット・フィッシャーマンズ・ワーフ、異国情緒漂うチャイナタウンなど、活気ある港町のエリア。大きく面しているラグーンから、潮風が今にも香ってきそうだ。夜になるとネオンが派手に光り、昼間とはまた違った雰囲気になる。

レストラン

15	ロンバーズ・ランディング	P122
16	ザ・ドラゴンズ・パール	P122
17	ハピネス・カフェ	P122
18	ワーフカフェ	P122

カニの看板
本場サンフランシスコで観光客にも有名な看板。よく目立つので待ち合わせ場所に使える

ハピネス・カフェ
コンセプトは、誰もがハッピーになるカフェ。休憩で利用するなら、好きなデザート1品にドリンクバーが付いたカフェメニューもおすすめ

ベンチ
たくさんある

女子トイレ個室数

⟨15⟩ 11個＋多機能トイレ1個、水飲み場あり

⟨16⟩ 10個　★女性専用

ベンチ……多
15 《ロンバーズ・ランディング》のテラス前、
17 《ハピネス・カフェ》と 18 《ワーフカフェ》
の間、トイレ ⟨15⟩ の前にある

暑さ、寒さよけ……あり（寒さのみ）
ショップやレストランに入るしかないが、そ
もそもショップが少ない

雨よけ……多
屋内施設以外では、《ジュラシック・パーク・
ザ・ライド》整理券発行機の前と、17 《ハピ
ネス・カフェ》横のベンチには屋根がある

ザ・ドラゴンズ・パール
派手な外観のレストランで、パー
ク内唯一の中華料理店。がっつり
食べたい人におすすめ

フードカート
このあたりによく
出ている

雨宿りの穴場
《ジュラシック・パーク・ザ・ライド》
(P79) の整理券を発券する場所だ
が、ほぼ使われていない。屋根が
あるので、雨宿りに使える

イベントレストラン
ここ数年は毎年、イベント開催時に
《名探偵コナン・ミステリー・レスト
ラン》(P17)や《サンジの海賊レスト
ラン》(P91)として営業している

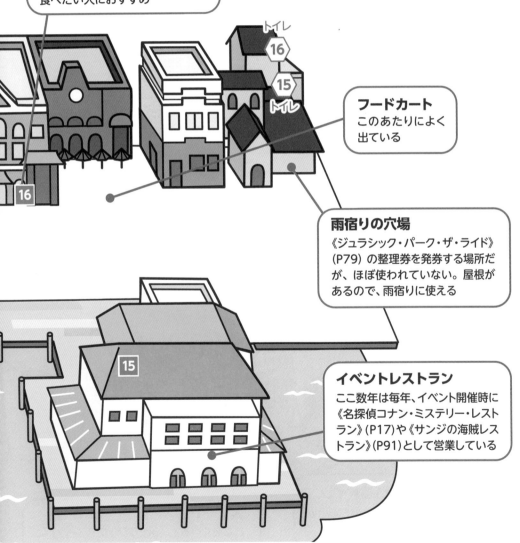

現代によみがえった恐竜がひそむ
熱帯のジャングル

ジュラシック・パーク

DNA操作で復活させられた恐竜が暴れまわる
映画『ジュラシック・パーク』の世界を再現した
エリア。ここにある南国の植物はすべて本物
で、恐竜が地球の覇者だった時代を擬似体験
できる。ちょっとした植物園としても楽しめる。

《…ダイナソー》の
コース

休憩スポット
イスはないが、パラ
ソルが設置されてい
る。少しの間の休息
には使えそうだ。近
くには恐竜のフォト・
スポットもある

29

41

30

42

40

**《…ダイナソー》
待ち列MAX**
混雑時には、ここや橋まで
延びることがある

20

トイレ 〈17

19

**《…ダイナソー》
絶叫鑑賞ポイント**
宙づりになって絶叫しなが
ら落ちていくゲストたちを眺
められる場所。悲鳴もよく
聞こえる

空いているトイレ
室数が多く、混むことが
少ない

大ゲート
ここをくぐると〈ジュラシック・パーク〉に
来た！という気分になれる。初めての人
は、ぜひこちらから入ろう

ジュラシック・パーク

基本情報

女子トイレ個室数

⟨17⟩ 20個＋多機能トイレ
1個、水飲み場あり

ベンチ……多
エリア中央部、 トイレ周
辺にまとまっている

暑さ、寒さよけ……少
屋内に入れるショップとレストランは現在
1つずつしかない

雨よけ……ほぼなし
40《ジュラシック・アウトフィッターズ》の店
先とそのまわりのパラソル以外は雨を防げ
ない。ベンチもほとんど雨にぬれる。30《ジュ
ラシック・パーク・ザ・ライド》でポンチョ
を売っているが、あまり質はよくない

《…ザ・ライド》
絶叫鑑賞ポイント
《ジュラシック・パーク・ザ・
ライド》のスプラッシュダ
ウンがよく見える

ジュラシック・パーク

長さ・高低差ともに世界一！
乗り場下ロッカー設置で回転率UP

MAP 29 ザ・フライング・ダイナソー

つり下げ型ジェットコースターとしては**世界最長のコースと世界一の高低差**をもつ、スリル満点のコースター。プテラノドンに背中をつかまれて振り回されるという設定どおり、**うつぶせの状態でひねりを加えられながら飛行する。**

ライドからものが落下しないよう、アクセサリー類、眼鏡、ウィッグなどのもち込みは厳重に禁止。パーク内でもトップクラスの人気だが、手荷物を預ける場所が乗り場の棚から、乗り場下にあるロッカーに変更されたことにより、**大幅に回転率がアップし**、混雑解消に役立っている。

> パーク全体を一望できるライド
> 座席位置によって体感が変わる

アトラクションデータ

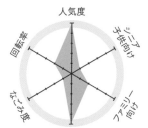

（人気度／ジュニア・子供向け／ファミリー向け／絶叫度／なごみ度／回転率）

おもな制限事項

身長132cm以上198cm以下／妊婦不可／体調不良不可

子どもが怖がるポイント

暗 高 速 怖
音 落 振 揺

タイプ

ライド屋外

混雑度

A

攻略ツール

E-PASS／よやくのり／CS／SR

待ち時間

時刻	平日	混む平日	休日	激混み
8	20	20	50	50
9	40	50	90	100
10	60	80	100	130
11	60	80	110	140
12	60	80	110	150
13	60	80	110	160
14	60	80	110	170
15	60	80	120	170
16	60	80	120	170
17	50	80	100	170
18	50	60	80	150
19	50	50	70	130
20	-	-	50	-

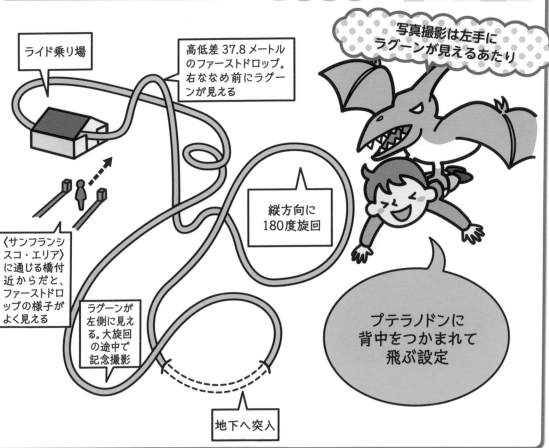

ライド乗り場

高低差37.8メートルのファーストドロップ。右ななめ前にラグーンが見える

写真撮影は左手にラグーンが見えるあたり

縦方向に180度旋回

〈サンフランシスコ・エリア〉に通じる橋付近からだと、ファーストドロップの様子がよく見える

ラグーンが左側に見える。大旋回の途中で記念撮影

プテラノドンに背中をつかまれて飛ぶ設定

地下へ突入

ジュラシック・パーク

高所から落下する急流すべり
足元や座席は水ぬれ必至！

休止中

MAP 30 ジュラシック・パーク・ザ・ライド

恐竜の暮らす湖を見物していたはずのボートが途中でコースを外れ、凶暴な肉食恐竜のいるエリアへ進んでしまう。そこで**体長7.5mものティラノサウルス**に襲われ、命からがら脱出するというストーリー。

最後にやってくる傾斜51度、25.9mの高さからの急降下では水しぶきが豪快に上がる。乗っているほぼ全員がびしょぬれになるので**雨具の準備は必須**。ライド入口にはポンチョの自販機も。なお、そうとう激しいアトラクションなので、子どもだけで乗る時は122cm以上の身長が必要。

> 足元や座席の水ぬれは必至
> もち物は前もって預けておこう

アトラクションデータ

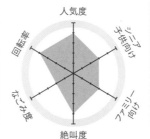

人気度／ジュニア子供向け／ファミリー向け／絶叫度／なごみ度／回転率

おもな制限事項

身長122cm以上
（付き添い有107cm以上）
／妊婦不可

子どもが怖がるポイント

暗 高 速 怖
音 落 振 揺

タイプ

ライド屋外

混雑度

C

攻略ツール

E-PASS／よやくのり／CS／SR

待ち時間

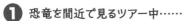

時刻	平日	混む平日	休日	激混み
8	10	10	20	10
9	10	20	30	60
10	20	30	50	90
11	20	40	60	100
12	30	40	60	100
13	40	40	60	100
14	40	40	60	110
15	40	50	60	100
16	30	40	60	120
17	30	40	50	110
18	20	40	40	70
19	10	30	30	50
20	-	20	20	30

❶ 恐竜を間近で見るツアー中……

❷ 脱出のために上昇している時、T-レックスに襲われる

❸ 落下し始めた直後に写真撮影

このあたりにT-レックス

7.5m級のティラノサウルスが襲いかかってくる！

❹ 水面にダイブ!!

とくに水ぬれ注意
前
後

縦書き：ジュラシック・パーク

化石やペーパーパズルなど
他の店にはない**恐竜グッズ**が充実

MAP 40 ジュラシック・アウトフィッターズ

> 多彩な恐竜グッズがそろう
> しかも動く恐竜までいる！

恐竜好きなら訪れて損はない
ココだけの恐竜グッズがある

『ジュラシック・パーク』関連グッズだけではなく、恐竜や化石など**子どもに喜ばれるグッズ**をあつかっている。原始人のミニオンなど、ちょっと変わったものも売っている。

店内で肉食恐竜が動いている！
うなり声にゲストもビックリ

広い店内の一角にはなんと**檻に入った動く"恐竜"**が！ さらに店の出入口には恐竜の頭部があって写真が撮れる。ちなみに、2020年春頃まであった「**レザートリーティ**」はなくなっている。

サウンドパペット

恐竜 ナノブロック

実物大の恐竜を見上げつつ
肉食系どんぶりを味わえる

MAP 19 ディスカバリー・レストラン

> 記念写真は
> ヤシの木を入れて
> 入口前から撮る
> のがおすすめ

ティラノの骨格標本を展示
壁の絵や照明などにも注目

映画『ジュラシック・パーク』に登場した「**ディスカバリー・センター**」がモデルのレストラン。店内には、実物大T-レックスの骨格標本が展示され、映画に登場した恐竜の絵などが飾られている。

肉食系のメニューを
豪快にどんぶりで食べる

ローストビーフの他、ロコモコやフライドチキンのどんぶりセットが人気。「**ヴォルケーノ・ケーキ**」は、噴火した火山をイメージしたスイーツメニュー。赤いベリーソースがまるでマグマのようだ。

"映える"スポットはまだまだある

インスタ映えスポット ❷

大きな看板をもち上げよう

5 《ハピネス・カフェ》
〈サンフランシスコ・エリア〉

> コーラの看板をもっているような、
> トリックアートっぽい
> 写真が撮れるよ！

> ピンクの壁で、ハートを
> 中心にポーズを決めよう。
> リボンがある右側の
> 白い壁もおすすめ

6 一度は入ってみたかった！
『マリオ』の土管
〈ニンテンドー・エリア〉
入場ゲート前

> クルーが
> 撮影してくれる！
> 気に入った写真だけ
> 購入できる

7 ここの壁は全部かわいい！
《ハローキティのリボン・
コレクション》の壁
〈ユニバーサル・ワンダーランド〉

> 桟橋からホグワーツ
> 城を背にパシャリ。
> 撮影する側がしゃがむと
> バランスよく撮れる

8 他の人が映り込ま
ない位置取りで！
ホグワーツ城
〈ハリポタ・エリア〉

場所は付録
「USJ攻略MAP」
でチェック！

「いいね」を
増やすコツ

ハッシュタグは「#USJ」「#ユニバ」「#instagood」「#いいね返し」
などを付けるのがおすすめ。

人食いザメは今や伝説、
船が行き交うのどかな漁村……?

アミティ・ビレッジ

映画『ジョーズ』の舞台になった「アミティ・ビレッジ」。
ここは人食いザメのジョーズがいなくなった後の村
という設定の世界。木造建築が中心で、同じ港町でも
〈サンフランシスコ・エリア〉とは違った田舎ののどか
な雰囲気だ。

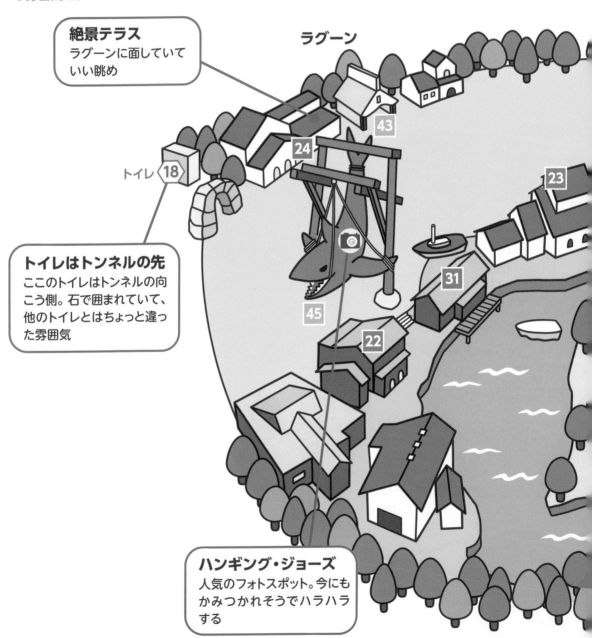

絶景テラス
ラグーンに面していて
いい眺め

ラグーン

トイレ 18

トイレはトンネルの先
ここのトイレはトンネルの向
こう側。石で囲まれていて、
他のトイレとはちょっと違っ
た雰囲気

ハンギング・ジョーズ
人気のフォトスポット。今にも
かみつかれそうでハラハラ
する

アミティ・ビレッジ

基 本 情 報

女子トイレ個室数

⑱ 20個＋多機能トイレ1個、水飲み場あり

⑲ 23個＋多機能トイレ1個、水飲み場あり

ベンチ……少

㉔《ボードウォーク・スナック》周辺と、㉛《ジョーズ》付近のトンネルを過ぎたあたりのトイレの前に多少ある

暑さ、寒さよけ……なし

日差しを防ぐ程度の屋根はあっても、風を避けられる建物は少なく、どれも狭い

雨よけ……ほぼなし

㉔《ボードウォーク・スナック》の座席か、ショップやレストランのなかぐらいしか落ち着いて雨宿りできる場所はない

入口は階段の下

なかなか見つけにくい

㊸《アミティ・アイランド・ギフト》はメインストリートの階段を下りた先に入口がある

ハリウッド・ムービー・メーキャップ(P95)

「フェイスペイント」をしてもらうならココ。イベント開催中には特別バージョンも!

⑲
トイレ

㊹

アトラクション

㉛ ジョーズ　P84

ショップ

㊸ アミティ・ボードウォーク・ゲーム　P56

㊹ アミティ・アイランド・ギフト　P85

㊺ ジョーズ・フォト　P120

レストラン

㉒ アミティ・アイスクリーム　P122

㉓ アミティ・ランディング・レストラン　P85

㉔ ボードウォーク・スナック　P122

アミティ・ビレッジ

《ウォーターワールド》終演直後は大混雑！避けたほうが無難

MAP 31 ジョーズ

1列に6席×8列の船に乗り、水の上をのんびり進む。サメを駆除して平和になった漁村「アミティ・ビレッジ」でのおだやかな観光ツアー……だったはずが、船の近くにサメの影が！ 逃げても逃げても追いかけてくるジョーズから、観光ガイドとともに逃げのびる、**大迫力のライドアトラクション**。

途中、暗い倉庫や爆音、燃え上がるガソリンなどスリリングな場面があるが、船自体の動きはゆっくりなので、**船酔いの心配はいらない**。座席は選べず、左側の座席は全体的にぬれやすい。

> 《ウォーターワールド》直後は混雑するので避けたほうが無難

アトラクションデータ

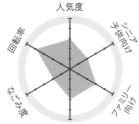

タイプ

ライド屋外

混雑度

C

攻略ツール

おもな制限事項

身長122cm以上（1人で座ることができれば、付き添い有の場合、制限なし）／妊婦不可／新生児不可

子どもが怖がるポイント

暗 高 速 怖
音 落 振 揺

待ち時間

時刻	平日	混む平日	休日	激混み
8	10	10	10	10
9	10	10	30	60
10	20	30	40	90
11	30	30	40	90
12	30	40	40	100
13	40	40	50	100
14	40	40	50	100
15	40	50	50	100
16	40	50	50	100
17	30	40	50	90
18	30	30	40	80
19	20	20	20	50
20	-	-	10	40

> 観光ガイド役のキャストによって盛り上げ方は異なる！

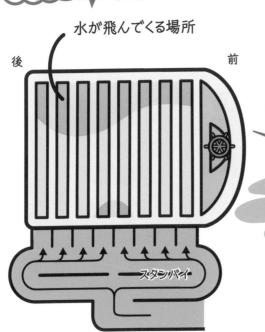

水が飛んでくる場所

後　　　前

スタンバイ

サメに追われ、暗い倉庫に逃げ込む！子どもには少し怖いかも

この後タンクが爆発し、火災発生

サメが間近まで迫る！

アミティ・ビレッジ

かわいいジョーズに出会える店は
レストランの下にある

MAP 44 アミティ・アイランド・ギフト

キーホルダーやお菓子、ナノブロックまである

リアルジョーズからキュートなジョーズまでいろいろそろう！

ライドや映画で大暴れ。人間を恐怖におとしいれるジョーズだが、ここではどこか気の抜けた表情を見せる。ジョーズに食べられているような「かぶりもの」は必見。

見つけにくいので注意 レストランの階下にある

このショップは《アミティ・ランディング・レストラン》の階下にある。内部は階段でつながっているが、〈アミティ・ビレッジ〉のメインストリートからは見えない。

映画の古びた造船所がモデル
食事難民になりそうな時はここへ！

MAP 23 アミティ・ランディング・レストラン

穴場のレストランでジョーズを見ながら一息

造船所だったなごりがあちこちに 《ジョーズ》のボートも見える

ボート工場が観光客からお金を稼ぐため一時的にレストランになった、という設定。天井につるされた船や鉄製のエレベーターなど、元造船所の演出が細かい。窓からは《ジョーズ》の船が見える。

大混雑が少ない穴場 カフェとして休憩に使うのも◎

一見レストランとわかりにくいせいか、混雑することはあまりない。食事にはもちろんのこと、カフェとして休憩に使うのにも重宝する。名物は「フライドシュリンプサンド」。

ショー《ウォーターワールド》の
近未来世界を表現したエリア

ウォーターワールド

ショー開催時とその前後以
外は入ることができない、
行ったことのない人にとっ
ては謎のエリア。夏場は《ワ
ンピース・プレミアショー》
の舞台にもなる。

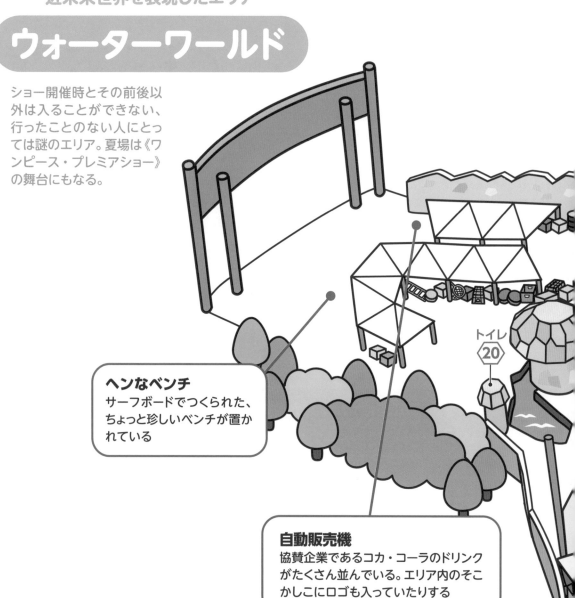

トイレ
⟨20⟩

ヘンなベンチ
サーフボードでつくられた、
ちょっと珍しいベンチが置か
れている

自動販売機
協賛企業であるコカ・コーラのドリンク
がたくさん並んでいる。エリア内のそこ
かしこにロゴも入っていたりする

（アトラクション）

32 ウォーターワールド　P88

映画『ウォーターワールド』のセット
水上バイクの製作過程や、ボートなどが展示されている

基　本　情　報

女子トイレ個室数
⑳ 21個＋多機能トイレ1個、水飲み場あり

ベンチ……少
アトラクションのアリーナに入れば、座席はたくさんある

暑さ、寒さよけ……なし
全体的に屋外。室内といえるのはトイレくらい

雨よけ……ほぼなし
エリアに雨宿りできる場所は少ないが、アトラクションのアリーナには屋根があり、ショーを見ている間は傘をささなくても大丈夫だ

地上13mのやぐら
ショーでは、ここからキャストが飛び降りる

32

ウォーターワールド

正面やや左手前方の席はハンパない臨場感！
大人数のグループでも一緒に楽しめる

MAP 32 ウォーターワールド

すべての陸地が海に沈んでしまった近未来の地球を舞台とするショー。パーク内最大のアリーナで、水上バイクを使ったアクションや炎上ダイブなど、**派手なスタントが演じられる**。とくに幅約9mの巨大な水上飛行機や高さ13mからのファイヤーダイブは必見！

収容人数が多いので、大人数のグループでも一緒に楽しめる。ショーがよく見えるのは、中央にある水ぬれOKの青い席とその周辺。ステージに向かって**右側の席は比較的空いている**。できるだけ開演10分前までに着席しておきたい。

> 一度見たことのある人も必見！
> リニューアル前より迫力倍増

アトラクションデータ

人気度 / ジャニー子供向け / ファミリー向け / 絶叫度 / なごみ度 / 回転率

おもな制限事項

新生児不可

子どもが怖がるポイント

暗 高 速 怖
音 落 振 揺

タイプ

ショー屋外

混雑度

C

攻略ツール

E-PASS なし

ここにも注目！ 達人テク

大雨の日などには、《ウォーターワールド》が中止になってしまうことがある。その時はゲートのあたりにマリナーやヘレンがやってきて、撮影に応じてくれることも！ 開演時間になったらのぞきに行ってみよう。

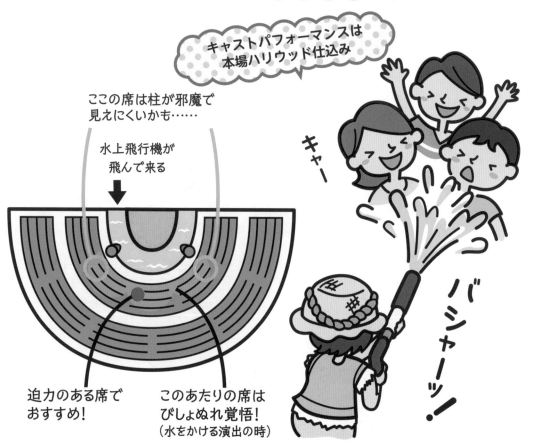

キャストパフォーマンスは本場ハリウッド仕込み

ここの席は柱が邪魔で見えにくいかも……

水上飛行機が飛んで来る

迫力のある席でおすすめ！

このあたりの席はびしょぬれ覚悟！（水をかける演出の時）

キャー

バシャーッ！

いつも新鮮な感動を与えてくれる！
ステージ・ショー＆ストリート・ショー全紹介〈2023年の例〉

ストリートで楽しめる最新のエンターテイメント

USJでは**定番アトラクション以外**にもステージやストリートで楽しいショーがたくさん行なわれている。パークを歩いているだけで、最新のエンターテイメントを体験できるのだ。

このショーの大半は、季節やイベントに合わせて**3カ月〜1年ごとにリニューアル**されている。毎回テーマが異なり、そのたびに USJ の人気キャラたちの違った一面が見られるのも魅力の1つだ。

2023年は内容がさらに進化！驚き満点のラインナップに

NO LIMIT! ストリート・フェスティバルでは、**シャボン玉を使ったショーや初めてオリジナルソングが導入された大人気ショー**など、盛りだくさん。参加者全員が一体となり、大熱狂した。

開催時間や場所は演目によって異なるので、公式サイトやショー・スケジュール（P114）をチェックしよう。その他定番のストリートショーやグリーティングもあり、並行して開催されている。

約20分 パワー・オブ・ポップ：トレンディング

シリーズ史上初となるオリジナルソング＆ダンス！

約20分 フィエスタ・ラティーナ

ゲストを巻き込んだダンスタイムが魅力！

約20分 バブル・ビート・ブロック

HIP HOP×バブルの新感覚パフォーマンス

ミニオンズ・フィーバー・ディスコ・グリーティング

ド派手な衣装のミニオンたちとノリノリで写真を撮影！

季節の恒例イベント
期間限定イベントスケジュール

例年パーク内では、**季節ごとのイベント**が開催されている。イベント期間だけのアトラクションやショーの他、限定グッズの販売などもある。内容や期間は年ごとに変わるので注意が必要だ。

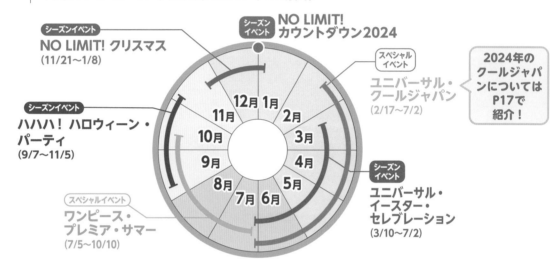

年間スケジュール早見表（2023年の場合）

シーズンイベント
NO LIMIT! クリスマス
（11/21〜1/8）

シーズンイベント
NO LIMIT!
カウントダウン2024

スペシャルイベント
ユニバーサル・
クールジャパン
（2/17〜7/2）

2024年の
クールジャパン
については
P17で
紹介！

シーズンイベント
ハハハ！ ハロウィーン・
パーティ
（9/7〜11/5）

スペシャルイベント
ワンピース・
プレミア・サマー
（7/5〜10/10）

シーズンイベント
ユニバーサル・
イースター・
セレブレーション
（3/10〜7/2）

開催期間
春
spring

ユニバーサル・イースター・セレブレーション

パーク内はたまごのモチーフで彩られ、
パステルカラーでいっきに春らしい雰囲気に！

**★イースター限定衣装や装飾
特別イベント目白押し！**

　イースター限定衣装のかわいい人気キャラクターたちがゲストをお出迎え。2023年は限定衣装のミニオンたちとふれ合える「ミニオン・メチャカワ・イースター・グリーティング」や、パークの仲間たちと一緒に踊って盛り上がる「ゴー！ ゴー！ イースター・マーチ」が開催された。

**★クルーに声をかけると
もらえる限定シール**

　期間中、パーク内にいるクルーに話しかけると、イースターエッグシールをもらうことができる。クルーによってもっているシールが違うため、いろんなクルーに声をかけてみよう。

　休日のようにゲストが多い日は、シールがなくなることも。早めにゲットしておこう。

ワンピース・プレミア・サマー

アニメの世界を再現したショーがメイン！
限定エリアやレストランも登場！

ワンピース・プレミアショー

**★パークはワンピースでいっぱい
期間限定エリアも登場するぞ**

イベントのメインとなるショー。〈ウォーターワールド〉で、ワンピースのキャラクターに扮したキャストたちが、**迫力のアクションとスタント**をくり広げる。別途入場券が必要。毎年、超が付くほど人気なので、前売り券をゲットしておこう。**キャストの演技力やストーリーの質の高さ**が評判のショーなので、ファンならもちろん、ファンならずとも十分楽しめるはずだ。炎や水、パイロ（花火）などの特殊効果もあって見ごたえ

バツグン。このショーに加え、期間中は、海軍が駐屯する“新世界の島”がテーマの「**ワンピース・エリア**」や、ミニショー「**ワンピース・ウォーターバトル**」なども登場する。

『ワンピース』ファンが集まるので、キャラになりきったコスプレを見るのも楽しい。**なりきりグッズ**が多数販売されているほか、**フェイス・ボディペインティング**をしてくれる場所もある。ショーでキャストにいじられたい人にはとくにおすすめ！ ワンピース好きならかならず一度は訪れたい。

“USJのツボ”ガイド
**ファン公認!?
ココに注目！**

プレミアショーは、**スピンオフ的なオリジナルストーリー**。アニメの世界を体感できる。キャラの見た目だけでなく、それぞれの技も忠実に再現。**声もアニメと同じ声優さん**によって録音されたもので、サプライズゲストとして**声優さんが登場する**ラッキーデーもある。

サンジの海賊レストラン

ワンピース・イベント開催中には例年、人気の期間限定レストランが2店オープンする。
1つ目は、予約不要の《ワンピース・サマー宴・レストラン》。そしてもう1つが、抽選販売のこの《サンジの海賊レストラン》だ。

女性には甘いが、男性が来ると……？

開始15分前までに会場《ロンバーズ・ランディング》で受付を！

**★チケットは大人気のため
抽選販売へ変更**

2022年までは早い者勝ちでの事前購入だったが、つねに速攻で完売。そのため**2023年からは「抽選販売」に**変更された。ゲストが行きたい日を決めて応募し、後日、USJから抽選結果が届くシステム。今度は「運」しだい！結果が届くまでハラハラドキドキだ。

**★サンジお手製のフレンチは
味もバツグン**

メインメニューに肉か魚を選び、他にウェルカムドリンク、前菜、パン、デザートが付いて**大人6000円、子どもは別メニューで2600円**。スペシャルカクテル4種（アルコールとノンアルコールがあった）も別料金で用意されていた。

**★記念撮影もあり！
1人参加も可能！**

フォト・オポチュニティがあり、自前のカメラとパークのカメラで1回ずつ撮ってもらえるので、1人参加でも撮影はバッチリ！ パークカメラの写真は気に入れば購入でき、フォトホルダー（台紙）には**サンジからのメッセージ**も（2023年は台紙付き3300円）。

ハハハ！ハロウィーン・パーティ

1年でもっとも多くのゲストでにぎわうイベント！
入場制限がかかることもあるので注意

☀ 昼と夜では楽しみ方が違う 🌙

昼 開園～18時 ハッピーなムードがいっぱい！仮装をしてパークを闊歩しよう

★満喫するポイントは 思いっきりはじけることだ！

　ハロウィーンといえば仮装！　多くのゲストがミニオンやスパイダーマンなどさまざまなキャラクターに扮してパークを埋めつくす。着替え場所も用意されているので、ルールを守ってみんなで仮装を楽しもう。

　期間中には、ちょっとしたプレゼントも。クルーに「トリック・オア・トリート！」と声をかけると、かわいいキャンディをゲットできる。

夜 18時～閉園 パークにはゾンビがいっぱい！移動中も気を抜くべからず

★アトラクションの回り方にコツあり！ 朝イチで無料Eパスを取ろう

　パーク内にゾンビが現れる《ストリート・ゾンビ》をはじめ、多彩な限定アトラクションが登場。ホラーアトラクションは朝からスタートで、混雑防止のために多くは無料Eパス（数量限定、先着順）を配布している。ストリート・ゾンビが始まる18時までに体験しておくのがポイントだ。年々混雑度が増しているので、なるべく平日に行くのがおすすめ。

ハロウィーン・ホラー・ナイト2023 全アトラクション・ゾンビエリア大紹介

ハロウィーン・ホラー・ナイト MAP

Ⓐ～Ⓓ　ホラーアトラクション

❶～❽　登場ゾンビ

★子どもたちはセーフティエリアに！

　〈ユニバーサル・ワンダーランド〉（P44）は、ゾンビが出てこないセーフティエリアだ。子どもや怖いのが苦手な人たちはここへ避難すれば安心だ。

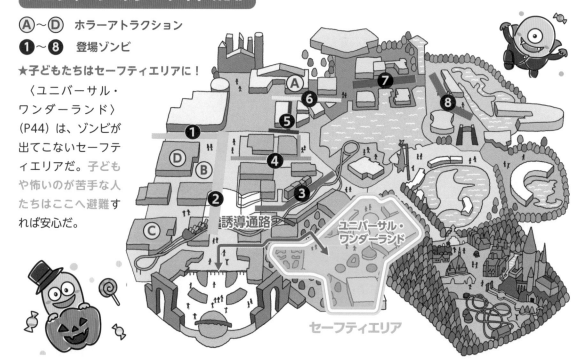

Ⓐ **バイオハザード・
ザ・エクストリーム＋**

緊迫感×爽快感
仲間とともに
無事生還せよ！

Ⓑ **ユニバーサル・モンスターズ**
〜レジェンド・オブ・フィアー〜

目の前に現れる
名作の
モンスターに
ドキドキMAX！

Ⓒ **チャッキーズ・カーニバル
・オブ・カオス**
〜チャッキーの血塗られた祭典〜

チャッキーが
どこまでも
追いかけて
くる！

Ⓓ **貞子の呪い**
〜ダーク・ホラー・ライド〜

貞子の呪いから
逃げ切れ！
ハラハラの
ダークコースター

ゾンビ・デ・ダンス

Adoとの
コラボ楽曲で
神ダンスが
降臨！

★2023年は「白いハミクマ」が登場！

「ハミクマ」の人気は2023年も健在。即完売するグッズも多数あった。グラマシーパークではゾンビ・デ・ダンスのメインステージが行なわれ、白いハミクマ「ハミクマソウル」が登場して盛り上がった。

エリアに登場するゾンビたち

❶ **Psycho Circus**
サイコ・サーカス
ハミクマ率いるサーカスゾンビが出現したエリア。2023年は筋肉ゾンビが話題に。

❷ **Murderous Monsters**
マーダラス・モンスターズ
暗ければ暗いほど輝く！　毒々しい光を放つゾンビ集団が現れるエリア。

❸ **Chainsaw Chain-gang**
チェーンソー・チェーンギャング
USJの定番！　囚人ゾンビがチェーンソーをもって暴れ回るエリア。

❹ **Tortured Test-Subjects**
トーチャード・テストサブジェクツ
かなり痛々しいゾンビが集うエリア。グロテスクなものが苦手な人は要注意。

❺ **Execution Enclave**
エグゼキューション・エンクレイブ
おぞましいゾンビたちによりおぞましい処刑があなたの目の前でくり広げられる。

❻ **Decadent Nightmares**
デカダント・ナイトメアーズ
クールで美しい！　ヴァンパイアゾンビやホワイトゾンビが登場したエリア。

❼ **Possessed Playthings**
ポゼズド・プレイシングス
かわいい人形ゾンビがいっぱい！　話題の日本人形ゾンビも登場したエリア。

❽ **Infernal Sanctum**
インファーナル・サンクタム
コアなファン続出！　荒れ狂う悪魔ゾンビが登場したエリア。

開催期間 冬 winter

NO LIMIT! クリスマス

2023年は「We wish "YEAH" Merry Christmas！」が合言葉！
寒さを吹き飛ばした熱いクリスマス！

★見どころは伝説のツリーと 超興奮のクリスマス・ショー！

USJクリスマスの目玉は、なんといっても30mを超える巨大ツリー！光のショー「フロスティーズ・エレクトリック・スノー・パーティ」も開催された。さらに、〈ニンテンドー・エリア〉や〈ユニバーサル・ワンダーランド〉など、冬の装いを施されたエリアやキャラクターたちも、イベントをよりいっそう盛り上げた。

★人気キャラクターたちによる クリスマス仕様の特別イベントも

特定のエリアだけでなく、この時期はパーク全体がクリスマス特別仕様に！「ユニバーサル・ワンダーランド・フィール・ザ・リズム」は、冬の装いのワンダーランドの仲間たちと一緒に楽しく踊れるプログラム。また、パークのエントランスやキャノピー下では、クリスマス・コスチュームのミニオンたちとのグリーティングも楽しめた。

NO LIMIT! カウントダウン2024

大みそかから元日にかけて、オールナイトで開催される
盛大なカウントダウン・パーティ！

★ほぼ丸一日 パーク内で遊び放題！

大みそかは17時でいったんパークをクローズ。19時からは「パーティ・パス」をもっているゲストだけが入園できるようになり、元日の夜までパーク内で遊び放題となる。専用チケットはだいたい9月中旬頃に発売時期が発表されるので、参加したい人は公式サイトをこまめにチェックしよう。なお、2023年発売のチケットは、抽選販売だった。

★その日限りのショーと 盛大な花火を見ながらの年越し！

オープンの19時15分〜翌日0時15分までは、グラマシーパークのステージ「カウントダウン・スペシャル・ステージ」が開催。USJ人気キャラクターやコンテンツが大集結の豪華ステージだった。23時50分〜翌日0時5分は、グラマシーパークで打ち上がる盛大な花火「カウントダウン・モーメント」も見られた。

 "USJのツボ"直伝！ 攻略法

① オープンより 少し早めに行こう

カウントダウンイベントは19時オープン予定だが、例年18時15分頃オープンしている。

② ショー開催時間内は そちらを優先

カウントダウンだけの特別ショーの時間は、アトラクション乗車よりもショーを優先しよう。

③ アトラクションは ショー終了後に満喫！

ショーが終了すると、通常のUSJの営業体制に戻る。ここからはアトラクションに乗りまくろう。

④ 初日の出は ベストスポットから！

初日の出を見るなら、元日7時27分頃、《ディスカバリー・レストラン》か《ボードウォーク・スナック》のテラス席がおすすめだ。

パークに入ってからの準備でOK
仮装でUSJを楽しもう！

準備いらずでクルーにおまかせ！
《ハリウッド・ムービー・メーキャップ》

「メーキャップキット」を購入すると、**顔に絵を描いてもらえるサービス**があり、仮装にぴったり。**イベントごとに新しい絵柄が用意されていて**、好きなものを選べる。メイクが終わると、1色だけペイントの顔料がもらえる。《ビバリーヒルズ・ギフト》（P67）前、《アミティ・アイランド・ギフト》（P85）付近で行なわれている。

1人あたり10分程度でメイクが終わるため、基本的に待ち時間は少なめ。といっても、先客がいる場合は終わるまで待つことになるた

め、アトラクションの合間に……とはいかないが、ちょっと時間が空いた時にのぞいてみるとよいだろう。ここが**混雑するのは、仮装ゲストが増えるイベント期間**。とくにハロウィーンの期間は特別なオプションがあるメイクを行なっている。そのなかでも**グロテスクな傷や虫などを付けられる、ハロウィーン限定**の「ホラーメーキャップ」はなんとお値段10000円。かなりリアルで怖いので、本格志向の人はチャレンジしてみては？

● メーキャップキット（ミニオン/エルモ/ハローキティなど）………………… 各2000～3300円

※イベントなどによってメイクのデザイン、キット価格の変更あり
※＋800円でラインストーンなどのオプションを追加できる

カチューシャやTシャツなどの
なりきりグッズを現地調達

パーク内のショップで買える、カチューシャや帽子などの**キャラクターになりきれるグッズ**はもっとお手軽。

取りあつかいがとくに多いショップは〈ハリウッド・エリア〉の《スペース・ファンタジー・ステーション》（P120）で、キャラの種類も多い。《ミニオンズ・ポップ・ショップ》（P42）や《ファン・ストア》（P42）でもミニオンのTシャツなどが豊富だ。

USJでのルールを
守って楽しむことを
心がけよう

過度な露出や顔が判別できない被り物、危険な小道具などはNGとなっている。そのほか、化粧室内でのメイクや着替えも禁止。まずはルールを確認し、節度を守って楽しもう。

行くと決めたら事前に押さえたい
基本攻略法

お得&便利な入園チケット入手テク

USJを楽しむには当然ながら入園チケットが必要。その購入方法によっては、割安で買えたり、当日の入園待ちが有利になったりする。

「スタジオ・パス」は入園券＋アトラクション利用券

USJの入園チケットは「スタジオ・パス」と呼ばれるパスポートタイプ。これには、イベント期間限定の一部アトラクションを除き、アトラクションの利用料金が含まれている。

名　称		大人 (12歳以上)	子ども (4〜11歳/ 幼児・小学生)	シニア (65歳以上)
1デイ・スタジオ・パス 混雑期に高く、閑散期に安くなる日別変動価格制	A(閑散時)	8600円	5600円	7700円
	B(通常時)	9400円	5800円	8500円
	C(混雑時)	9900円	6200円	9000円
	D(超混雑時)	10400円	6400円	9400円
トワイライト・パス ※15時から閉園まで利用可能		6000円〜	3900円〜	-
1.5デイ・スタジオ・パス		13100〜16800円	8600〜10400円	-
2デイ・スタジオ・パス		16300〜19800円	10600〜12200円	-
お得な割引パス	バースデー・1デイ・パス ※Clubユニバーサル会員限定	8100円〜	5300円〜	-
	バースデー・2デイ・パス ※Clubユニバーサル会員限定	15300円〜	10000円〜	-
	4歳バースデー・インビテーション・パス ※Clubユニバーサル会員限定	8100円〜	5300円〜	-
年間パス	ユニバーサル・プライム 年間パス・スタンダード ※除外日あり	20000円	14000円	-
	ユニバーサル・プライム 年間パス・グランロイヤル ※除外日なし	48800円	33200円	-

待たずに入場できる「ダイレクトイン」がおすすめ！

チケットブースに立ち寄らず入園できるダイレクトイン。これを使う方法は、公式サイトでチケット購入手続きの際に、受け取り方法で「ダイレクトイン」を選択すればOK。購入完了後発行されるQRコードを紙にプリントアウトするか、スマートフォンで画面を提示すればそれがチケットになるので、チケットブースに立ち寄らず入園できる。

その他のチケット購入場所

入園チケットはUSJの窓口や公式サイト以外に、ローソンやJRでも購入可能。ただし、JRの「みどりの窓口」で前売り券を購入した場合は、当日の引き換えが必要になるので注意が必要だ。

※2024年1月時点の価格。予告なく変更されることがある。
※A〜Dの表記は本書独自のもの。事前にUSJ公式サイトをチェックしよう。
※チケットにより購入方法や受取方法が異なる。また、「ダイレクト・イン」に対応していないチケットもある。購入時に確認を！
※「4歳バースデー・インビテーション・パス」はWEBチケットストアでは販売していない。販売場所はパーク（チケットブース）のみ。

USJをも～っと楽しむ！
お得なチケット＆プラン

新情報だけでなく、昔からあったのに
今改めて注目されている情報もまるっと紹介。

USJの学割「ユニ春」で安くたっぷり遊びつくす！

春には、USJの学割「ユニ春」が行なわれ、1日目は13時以降、2日目は丸1日USJを楽しめるチケットが、1デイ・スタジオ・パスにプラス1000円で販売される。このチケットは、1日目の入場が15時からの通常の1.5デイ・スタジオ・パスより2時間早く遊び始められてお得だ。

また、グッズ購入時に利用できる2000円分のクーポンが付いた、1年間遊びつくせる学生限定の年間パスも販売される。卒業旅行やクールジャパン（P17）目当てなら、時期が被るので有効活用しよう。

購入時は、学生証（コピー不可）の提出が必須。中学生以上で学校法人が発行する学生証をもつ人なら誰でも利用できる。

ちょっとでも安く！チケットを安く買うコツ

①平日の閑散期を狙って最大1800円オフ！

年々高くなるチケットを、いかに安く買い、お得に楽しめるかは、USJの制度や割引をうまく活用できるかにかかっている。たとえば、「価格変動制」のUSJのチケット。夏休みなどの長期休暇や、ハロウィーンなどのイベント期間のような繁忙期には値段が高くなる。逆に閑散期は安くなり、最低価格の日を選ぶだけで、1800円もお得だ。公式サイトでは2カ月先まで価格を確認できるので、事前にチェックしておこう。

②年パス保持者を連れて最大2000円オフ！

1デイ・スタジオ・パスを買う際に年パスを提示すると、1人あたり400円引きになる。同伴者5名までが適用されるので、最大2000円もお得になる。また、入場日が年パス保持者の誕生月なら、割引額は1200円になるのでさらにお得だ。

③「Clubユニバーサル」登録＋誕生月でお得！

無料で登録できるUSJの公式ファンクラブ「Clubユニバーサル」に登録すると、誕生月とその翌月は、バースデー・デイ・パスが通常より500円安く購入できる。同伴者5名まで適用可能。家族の誕生日を登録しておけば、家族の誕生日にも同様の割引を受けられるのでさらにお得だ。

さらにお得 4歳のバースデーには特別な割引アリ！

Clubユニバーサル会員なら、4歳になる誕生月とその翌月は「4歳バースデー・インビテーション・パス」が使える。通常なら大人1枚、子ども1枚の1デイ・スタジオ・パスを買うと2名で14200円～になるが、このチケットを使うと、2名で8100円～と6100円もお得だ。

スペシャルな体験ができる有料プログラム

①専任ガイドにお任せのVIPなツアープラン

USJには、パークを余すことなく楽しみつくす「ユニバーサルVIPエクスペリエンス・グループ・ツアー～スーパー・ニンテンドー・ワールド～」（価格は1人23000円～）や「ユニバーサルVIPエクスペリエンス・プライベート・ツアー（8時間）」（価格は1～4人まで298000円～）、「ユニバーサルVIPエクスペリエンス・プライベート・ツアー（5時間）」（価格は1～4人まで198000円～）がある。これらはすべて専任ガイドにお任せでパークをめぐる有料プランで、それぞれに他にはない豪華な特典が付いている。

②USJを貸し切って好き放題遊ぶ！

USJには利用人数に応じて体験したいエンターテイメントが選べるオリジナル・パーティ・プランがある。90～400人向けの他、7000人以上のプランもある。食事付きのパーティ・プランか、食事はなしでアトラクションを貸し切るプランの2種から選べる。たとえば90～400人のパーティプラン着席コースだと、大人19000円～、子ども16000円～。一生に一度の思い出をつくりたいという人は検討してみては。

1年間の混雑状況が丸わかり！
USJ空いてる日カレンダー

USJ全体の混み具合でアトラクションの待ち時間は大激変。そこで、これから1年間の快適に遊べる空いている日を独自に予想してみた。

年パスの「除外日」には注意しておこう

USJには混雑が予想される日、年間パスをもっていても入園できない「除外日」が約90日も設けられている。ただし、2024年9月以降、除外対象となるのは、年間パス・スタンダードのみになる。

USJは年パス保持者が多いため、通常のスタジオ・パスで楽しむ場合、たとえば激混み予想のお盆期間でも年パス除外日を選んでパークに行けば、思ったほどの大混雑ではない、ということもあり得る。「シングルライダー」が空く傾向にあるので狙い目だ。

年パスの影響で3月と10月は大混雑 外国人観光客殺到で平日も混む

3月と10月は、年パスの更新・新規購入者が多いため大混雑する。さらに「年パスの有効期間開始日は、その日が除外日でも入場可能」の裏技が使えるので、3月と10月は年パス除外日も大混雑。最近は家族で年パスを購入する人が多く、駐車場も激混みだ。

また、現在日本には外国人観光客が殺到している。USJの入場料金が安い平日に外国人観光客の来園が集中するため、休日より混む平日が続出。外国人観光客はイベントに関係なく来園するため、昔のように「ガラ空き」になる時期がなくなった。さらに、「春」とのみ告知されているドンキーコング・カントリー（P10）のオープンからしばらくは、混雑が続くだろう。

貸切イベント日や 「魔の月曜日」、台風にも注意

スポンサー企業などと提携した「貸切営業日」がある。貸切ゲストは14時から入場可能となり、一般ゲストの閉園時間は19時もしくは20時と早まることが多い。いつもより早く退園させられてしまうので、公式サイトで営業時間をチェックしておこう。

また、学校行事が行なわれることの多い春や秋は、その代休になる月曜日にも要注意。小さい子連れのゲストが押し寄せるため、駐車場も激混みとなる。

台風でJR環状線が朝から計画運休になると、クルーが出社できず休園になる可能性もある。ご注意を。

■ 2024年1月～12月 混雑予想カレンダー

凡例							
混雑度 低←	ガラ空き	空き気味	平常	混雑	大混雑	超混雑	→高

□……年パススタンダード除外日　□……年パススタンダード＋ユニバーサル年パス除外日　123 etc.……祝日

1月

日	月	火	水	木	金	土
	1	2	3	4	5	6
7	8	9	10	11	12	13
14	15	16	17	18	19	20
21	22	23	24	25	26	27
28	29	30	31			

冬休み中はクリスマスイベントが続くため混雑。以前は、新学期が始まる9日頃からガラ空きだったが、今は外国人観光客が殺到しているため、そこそこ混雑する。

2月

日	月	火	水	木	金	土
					1	2	3
4	5	6	7	8	9	10
11	12	13	14	15	16	17
18	19	20	21	22	23	24
25	26	27	28	29		

以前は空いていたが、入場料金が変動価格制となってからは、料金が安いシーズンを狙うゲストで混雑しがち。修学旅行生や入試休みの中高生も多い。

基本攻略法

3月

日	月	火	水	木	金	土
					1	2
3	4	5	6	7	8	9
10	11	12	13	14	15	16
17	18	19	20	21	22	23
24/31	25	26	27	28	29	30

卒業式シーズンの中旬からかなり混み始め、春休みになる下旬は大混雑する。中旬の年パス除外日前も超大混雑となる。

4月

日	月	火	水	木	金	土
	1	2	3	4	5	6
7	8	9	10	11	12	13
14	15	16	17	18	19	20
21	22	23	24	25	26	27
28	29	30				

春休み中は混雑が続くが、新学期が始まるとゴールデンウィークまでの期間はピタリと空く。気候がよく、人気イベントの時期でもあるため、休日は混み合う。

5月

日	月	火	水	木	金	土
			1	2	3	4
5	6	7	8	9	10	11
12	13	14	15	16	17	18
19	20	21	22	23	24	25
26	27	28	29	30	31	

行楽に適した季節で、とくに休日は混み合う。運動会振替休日の月曜日も、学生が押し寄せるので要注意だ。

6月

日	月	火	水	木	金	土
						1
2	3	4	5	6	7	8
9	10	11	12	13	14	15
16	17	18	19	20	21	22
23/30	24	25	26	27	28	29

例年は梅雨の閑散期で空くが、ドンキーコングエリアがオープンしている場合、休日は年パス客が殺到で混雑に。

7月

日	月	火	水	木	金	土
	1	2	3	4	5	6
7	8	9	10	11	12	13
14	15	16	17	18	19	20
21	22	23	24	25	26	27
28	29	30	31			

夏休みが始まる中旬から急に混雑し始め、とくに海の日の連休は大混雑となる。ただし「天神祭花火」の25日は毎年比較的混雑が和らぐ傾向。

8月

日	月	火	水	木	金	土
				1	2	3
4	5	6	7	8	9	10
11	12	13	14	15	16	17
18	19	20	21	22	23	24
25	26	27	28	29	30	31

夏のイベントベストシーズン。夏休みで混雑するが、例年8月に開催される「なにわ淀川花火大会」の日は、少し混雑がマシになる。

9月

日	月	火	水	木	金	土
1	2	3	4	5	6	7
8	9	10	11	12	13	14
15	16	17	18	19	20	21
22	23	24	25	26	27	28
29	30					

上旬の平日は比較的空いているが、ハロウィーンイベントが始まると混み始める。年パス除外日明けはとくに混雑するので要注意。

10月

日	月	火	水	木	金	土
		1	2	3	4	5
6	7	8	9	10	11	12
13	14	15	16	17	18	19
20	21	22	23	24	25	26
27	28	29	30	31		

USJ恒例のハロウィーンイベントのため、大混雑となる月。休日は年パス除外日ばかり。そのため年パス客が殺到し、平日も混雑するので要注意。

11月

日	月	火	水	木	金	土
					1	2
3	4	5	6	7	8	9
10	11	12	13	14	15	16
17	18	19	20	21	22	23
24	25	26	27	28	29	30

修学旅行シーズンで平日も団体客で若干混み合う。ただし、ハロウィーンイベント終了後、クリスマスイベントが始まるまでの数日間は空く。

12月

日	月	火	水	木	金	土
1	2	3	4	5	6	7
8	9	10	11	12	13	14
15	16	17	18	19	20	21
22	23	24	25	26	27	28
29	30	31				

12月も休日は年パス除外日ばかりになった。年パス除外日明けの月曜と、年パス除外日でないクリスマスは混雑するので要注意。

※イベント開催期間、開始日、および終了日は、年ごとに異なりますので、ご確認ください。

基本攻略法

待ち時間短縮のカギ

Eパスのムダのない選び方

Eパスがあれば長い列に並ばずにすむが、お値段もそれなり。場合によってはコスパが悪いことも。得して楽するかしこい選び方は？

そもそもEパスって何？早わかり5カ条！

① **Eパスとは有料のアトラクション待ち時間短縮券**

USJの入園券「スタジオ・パス」とは違い、パークのアトラクションを優先的に利用できる有料のパス。

② **Eパス対象アトラクションをセットで販売**

③ **人気エリア入場確約券付きのセットも**

④ **購入当日（前売りは指定日）の1日のみ有効**

⑤ **公式サイトや当日の窓口などで買える**

アトラクション＆ショー入場の流れ

Eパスあり

アトラクション or ショー 入口 → ゲスト [Eパス] → クルーのチェック → Eパス用ルート → アトラクション or ショー 体験

Eパスなし

ゲスト → 👤👤👤👤👤👤 …▶

※パレードやイベント時の一部のショーの場合はEパス用鑑賞エリアが設けられている

お目当てのアトラクションが入っているEパスはどれ？

Eパスには、「Eパス7」や「Eパス4」などがある。名称に入っている**数字は優先入場できるアトラクションの数**。同じアトラクションで複数回の利用はできない。使えるアトラクションは、決まっている場合と、複数の指定アトラクションから1つを選ぶ場合がある。

たとえば「Eパス7〜バラエティ〜」の場合、《マリオカート》（P4）、《…フォービドゥン・ジャーニー》（P30）、《ザ・フライング・ダイナソー》（P78）などの人気アトラクション6つで使え、さらに《ハリウッド・ドリーム・ザ・ライド》（P60）、《ジョーズ》（P84）のうちどちらか1つで使える。

「時間指定」があるアトラクションも含まれ、購入時に利用時間を指定される。なお、同じ名称のEパスでも、**時期によって使えるアトラクションが変わる**ので、購入の際はかならず公式サイトを確認しよう。

Eパスの価格は変動制で、混雑日には高くなり、閑散期には安くなる。また、メンテナンスのためアトラクションが休止している日もあるので考慮したい。

Eパスを利用すると60分待ちが数分に短縮！

Eパスをもっていると、対象アトラクションには優先入場できるので、**長い列に並ばなくてすむ**。たとえば、待ち時間が60分と表示されている場合、Eパスを利用すると数分でライドできる。混雑日はEパスを利用しても少しは待たされるが、3時間待ちが30分待ちまで短縮されることも。

ただし、大半のアトラクションではEパスをいつ利用しても自由だが、〈ニンテンドー・エリア〉や〈ハリポタ・エリア〉内のアトラクションをはじめとした**超人気アトラクションは券種によっては時間指定制**で、予定が制約されるので注意しよう。

基本攻略法

★★ ★★★

USJのツボが選ぶ！

おすすめEパス ランキング

USJのEパスは種類がかなり多い。どれもお得なチケットのように思えるが、じつはお得な
チケットと、あまりそうでもないチケットがある。USJのツボがおすすめするお得なEパス
とそのセット内容を紹介しよう。　　　　　　　　　※🅐🅑🅒は本書が独自に判定した混雑度

Eパス 4
〜XRライド＆
セレクション〜
（価格）7800円〜

① 鬼滅の刃 XRライド〜夢を駆ける無限列車〜（P15）🅐
② マリオカート 🅐
③ …フォービドゥン・ジャーニー 🅐
④ ザ・フライング・ダイナソー 🅐 または ジョーズ 🅒

《ニンテンドー・エリア》入場確約券付き
《ハリポタ・エリア》入場確約券付き

Eパス 7
〜バラエティ〜
（価格）10800円〜

① マリオカート 🅐　　② ヨッシー・アドベンチャー 🅑
③ …フォービドゥン・ジャーニー 🅐　④ …ヒッポグリフ 🅑
⑤ ザ・フライング・ダイナソー 🅐
⑥ …ハチャメチャ・ライド 🅑
⑦ ハリウッド・ドリーム・ザ・ライド 🅐 または ジョーズ 🅒

《ニンテンドー・エリア》入場確約券付き
《ハリポタ・エリア》入場確約券付き

Eパス 4
〜スリル〜
（価格）7800円〜

① マリオカート 🅐
② …フォービドゥン・ジャーニー 🅐
③ ハリウッド・ドリーム・ザ・ライド 🅐
④ ザ・フライング・ダイナソー 🅐

《ニンテンドー・エリア》入場確約券付き
《ハリポタ・エリア》入場確約券付き

Eパス購入のポイント

その 1 人気エリア入場確約券付きのものを買うべし！

〈ニンテンドー・エリア〉入場には整理券が必要。しかし、休日だと午前中に整理券の配布が終了することもあり、入場確約券が付いているEパスを買っておけば安心だ！　今回はおもに、〈ニンテンドー・エリア〉の入場確約券付きのものを選出している。

その 2 待ち時間短縮率が高いEパスを買うべし！

たとえば《シング・オン・ツアー》は通常でもほとんど待ち時間がなく、Eパスを使ってもふつうに並んでいるゲストと同じ案内なのでもったいない。それであれば、本書で混雑度🅐〜🅒のアトラクションに対応したEパスのほうが、待ち時間の短縮率が大きくお得だ！

その 3 早めに購入しないとまさかの値上がりも！

Eパスの価格は入場者数と在庫数によって5段階に変動する。入場者数が少ない平日は安く、入場者数が多い春休み・GW・夏休みなどは高くなる。しかも、在庫が少なくなると価格も上がる。同じ入場日でも価格が違ってくるので、早めの購入がおすすめだ。

もう行列には並ばない！
待ち時間短縮大作戦

USJでうんざりするのがアトラクション待ちの長い列。空いている
時間帯を狙い、便利なシステムを駆使して、待ち時間を短縮しよう。

人気アトラクション攻略は朝一番か夕方遅くが基本

　まずは空いている時間帯を狙うのが、攻略の正攻法。

　各アトラクションは1日のなかでいつが混み、いつが空くのか、これまでのデータを元にまとめてみたのが各アトラクションページの待ち時間表だ。

　基本的に一番空いているのは開園直後、昼頃から夕方にピークを迎え、そこから徐々に待ち時間は減っていく。朝イチに乗り遅れると夕方までは長い列に並ぶハメになる。ピークの時間帯はショーやショッピングにあてるのがベター。ただし、《マリオカート》（P4）は、朝イチもかなり混むので、夕方を狙うのがおすすめだ。

時刻	平日	混む平日	日	激混み
8	10	10	10	10
9	10	20	30	50
10	20	30	60	70
11	40	50	60	80
12	40	50	60	100
13	30	50	70	100
14	40	60	80	110
15	40	60	70	100
16	40	50	70	100
17	40	50	70	90
18	30	40		80
19	20	30		50
20	-	-		40

待ち時間 一番空いている

ピーク！

　リアルタイムでのアトラクションの待ち時間は、公式アプリ（P18）で確認できる。日によっては昼頃でも空いている場合も。まめに確認しよう。

アトラクション攻略の最強アイテム Eパスとe整理券

　長い待ち時間を要する人気アトラクションも、待たずに優先ルートから入場できるチケットがEパスだ。ただし有料。種類も多いのでどれが自分の目的に合うのかを見極めて購入しよう。詳細はP100〜101参照。

　また、公式アプリのe整理券を使えば、ホラーナイトの期間限定アトラクションの時間指定をしての予約や、〈ニンテンドー・エリア〉への入場に必要な入場整理券の入手が可能だ。ただし、これはパーク内でしか取得できないので注意。人気のアトラクションやエ

リアは、午前中に発券が終了する可能性もあるので、心配な人は先にEパスを購入しておくと安心だ。

　さらに、〈ユニバーサル・ワンダーランド〉の4つのアトラクションには、無料の優先入場予約システム「よやくのり」（P46）が導入されている。こちらも公式アプリのe整理券で取得可能だ。

相席でよければ待ち時間を大幅短縮！シングルライダーシステム

　1人でライド・アトラクションに乗る時に使える、いわゆる相席乗り。複数で訪れていても、体験は別々になってもいいなら、ぜひ利用しよう。

　スタンバイの列に並ぶ時に、クルーに申し出ればOK。待ち時間が普通に並ぶのに比べてグンと短くなる。

　利用可能アトラクションはP118のアトラクション早見表を見てほしい。ただし、実施していない時もあるので、クルーに確認を。

子どもが乗れないアトラクションはチャイルドスイッチで

　利用制限で、子どもが乗れない！　でもパパやママは体験したい！　そんな時は「チャイルドスイッチ」を利用しよう。このシステムは、1人がライド中に、もう1人と子どもが専用スペースで待ち、ライドが終了したら交代するというもの。たとえば、パパがライドを満喫している間は、ママとお子さんがお留守番、次にママがライドを楽しんで、パパとお子さんがお留守番というイメージだ。

　スタンバイの列でクルーに伝えればOKで、わざわざ並び直す必要がないので、ファミリーにおすすめ。利用可能アトラクションはP118のアトラクション早見表で確認を。

食事難民にならない
レストラン選び

テーマパークの店は待たされるうえにコスパも悪い？　いえいえ、各店の特徴を知って臨めば、かならず素敵な食事タイムを楽しめる！

注文方法も営業時間も店によって違う
ランチは午前中か14時過ぎを狙おう

パーク内のレストランには、下の4タイプのサービス形式がある。よりセルフサービス的なレストランのほうが、値段もお手頃な傾向にある。各レストランがどの形式にあたるかは、レストラン早見表（P122）で確認しよう。また、各店の営業時間は、いつも同じとは限らない。1週間分の予定は、**毎週月曜日に公式サイトで発表される**。どうしても食べたいものや、行ってみたいレストランがある時は事前に確認を。

さらに、食事時には入店待ちの行列ができる店が多い。とくに混雑日の12時前後は列が長くなる。それを見越して、**ランチは12時より前か14時以降に**。ディナーも18時前には入店したい。

「スマホdeオーダー」を使って
食事時間を大幅短縮！

現在、《メルズ・ドライブイン》（P69）でのみ利用できる「スマホ de オーダー」（P19）を使えば、専用サイトから、好きなメニューを注文、支払いまで済ませられるため、食事時間の大幅短縮が期待できる。ただし、**席の確保は自分で行なわなければならないので要注意**。

予約ができるのは
テーブルサービスの店だけ

テーブルサービスの店にのみ「レストラン優先案内」という予約システムがある。席が確保されるわけではないが、予約時間に行けば、優先して案内してくれる。

事前予約は公式サイトで、利用日1カ月前の11時から前日（利用時間の24時間前）までに申し込む。ちなみに電話での予約は、現在受け付けていないので注意。当日の予約は、対象レストランの店頭で受け付けている。事前、当日ともに先着順で予約枠がなくなり次第終了なのでお早めに。

待ち時間を有効に使える
「バーチャルキューライン」予約

当日レストラン店頭でエントリーすると、順番が来たら携帯電話に知らせが来るシステムが、2022年4月から導入されている。待ち列に並ぶ必要がなく、待っている時間も自由にパークを楽しめる。

無料で利用できるが、レストランの待ち列がある時のみ稼働するので注意が必要。対象店舗は《フィネガンズ・バー＆グリル》（P75）、《SAIDO》（P75）、《パークサイド・グリル》（P73）、《アズーラ・ディ・カプリ》（P122）だ。

テーブルサービス

値段の目安

1人あたり　**2500円〜4000円**

テーブルに案内され、サービスを受ける。オーダーした料理をスタッフがテーブルへ運んでくれる。支払いは食後にレジにて行なう。

カフェテリア

値段の目安

1人あたり　**1500円〜2500円**

自分で、好きな料理の皿をトレイにのせていく。料理によってはその場で盛り付けてくれることもある。トレイをレジへ運び精算する。

ファストフード

値段の目安

1人あたり　**1500円〜2000円**

カウンターで料理のオーダーと支払いを済ませ、注文した食事を受け取り、ゲストみずからテーブルに運ぶセルフサービス形式。

スナックスタンド

値段の目安

フード　**500円〜**

スタンド形式の店。お菓子や単品の食べ物を販売。基本的に屋内の座席はないが、近くにテラス席や休憩スペースが用意されている。

人気グッズを手に入れる
時短買い物術

記念になるおみやげはほしいけど、レジに並ぶ時間はもったいない！
短時間でかしこく人気グッズを入手するコツをアドバイス。

閉園前はとても混み合う！
ショッピングは昼間を狙って

閉園時間間際におみやげを買う、なんてスケジュールはNG。ゲート近くのショップは閉園間際がもっとも混雑し、混雑日にはレジに行列ができるほどだ。

アトラクションの混雑がピークになる12〜15時の間が狙い目。この時間帯なら、ショップはガラ空きで、ストレスなくショッピングを楽しめる。買った品物はコインロッカー（P114）に預けるか、パークから宅配便（P115）で発送すれば荷物にならない。

また、ゲートに近いショップは閉園後もしばらく営業を続けている。右で挙げる大型店と《ビバリーヒルズ・ギフト》（P67）は閉店時間が遅め。買い忘れや買い物の時間がなかった時などに便利。

ばらまき用のおみやげや一般的なグッズであればオンラインストアで購入も可能。荷物が増えないので、帰宅時も身軽でいられる。

大型店でまとめて買えば
短時間で買い物終了

ショップを1店ずつのぞくのは楽しいが、意外と時間を食う。買い物をするなら下記の大型店でまとめてチェックするのがかしこい方法だ。

とくに、義理みやげにちょうどいい一般的なグッズなら、この3店にそろっている。
① 《ユニバーサル・スタジオ・ストア》（P66）
② 《ロデオドライブ・スーベニア》（P67）
③ 《カリフォルニア・コンフェクショナリー》（P67）

①②は各店の人気商品が一堂に集められているので選びやすい。ポピュラーなキャラクターグッズなら、この2店がおすすめ。お菓子類なら、各店のイチオシお菓子が大集合で、用途に合わせて選べる③へ。

ただし、これら3店はゲート近くにあり、閉園間際にはとくに大混雑する。先に述べたとおり極力15時までに買い物を済ませよう。

絶対買い逃したくない人気グッズはコレだ！

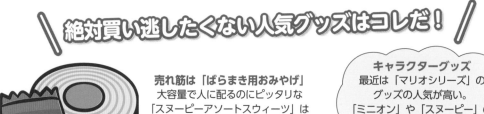

売れ筋は「ばらまき用おみやげ」
大容量で人に配るのにピッタリな「スヌーピーアソートスウィーツ」は定番で人気のあるおみやげだ。

キャラクターグッズ
最近は「マリオシリーズ」のグッズの人気が高い。「ミニオン」や「スヌーピー」のお菓子は安定の人気だ。

パーク内ではなりきりグッズ
キャラをイメージした帽子やカチューシャ、メガネなど、さまざまななりきりグッズが並んでいる。

**意外な人気は
メンズ下着**
キャラがお尻に描かれたボクサーパンツが、ものすごく好評。

おみやげ選びに迷ったら……
《ユニバーサル・スタジオ・スーベニア》（P72）へ行くとランキング形式でおみやげが紹介されていて、選ぶ目安になる。

子どもが一緒の時はとくに知っておきたい

便利なベンチ＆トイレ

疲れた時のお助けベンチ

ベンチは随所にあるが、先客がいて座れないこともある。利用しやすいベンチを覚えておこう。

「ステージ14」のラグーン沿いには**景色のよい席**がある。「フェスティバル・イン・ザ・パーク」のラグーン沿いと、「セントラルパーク」には、花壇に囲まれ**ひと目を気にせず座れるベンチ**が点在する。

ピンチに駆け込むなら大箱トイレ

図の3カ所のトイレは個室が多く、あまり混雑しない。また、〈ニンテンドー・エリア〉は全個室

に、他のエリアでは一部の個室に温水洗浄付き便座がある。また、すべてのトイレにおむつ交換台、多機能トイレがある。「エルモのイマジネーション・プレイランド」（P51）内などには、子ども用の便座を設置した個室もある。女性用トイレには生理用品の自動販売機を設置。入口付近に公衆電話（⑩㉒）、有料のモバイルバッテリー（①⑧⑩⑬⑭⑱㉑）付近）、ウォータークーラー（⑩⑪⑫⑬⑭⑮⑰⑱⑲⑳）が設置されたトイレもある。

※トイレの番号は綴じ込みMAPに対応

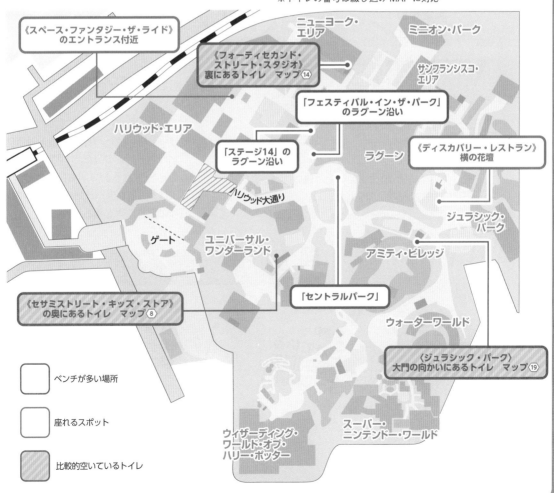

《スペース・ファンタジー・ザ・ライド》のエントランス付近

《フォーティセカンド・ストリート・スタジオ》裏にあるトイレ　マップ⑭

ニューヨーク・エリア

ミニオン・パーク

サンフランシスコ・エリア

「フェスティバル・イン・ザ・パーク」のラグーン沿い

ハリウッド・エリア

「ステージ14」のラグーン沿い

ラグーン

《ディスカバリー・レストラン》横の花壇

ハリウッド大通り

ジュラシック・パーク

ゲート

ユニバーサル・ワンダーランド

アミティ・ビレッジ

《セサミストリート・キッズ・ストア》の奥にあるトイレ　マップ⑧

「セントラルパーク」

ウォーターワールド

《ジュラシック・パーク》大門の向かいにあるトイレ　マップ⑲

ベンチが多い場所

座れるスポット

比較的空いているトイレ

ウィザーディング・ワールド・オブ・ハリー・ポッター

スーパー・ニンテンドー・ワールド

待ち時間最小で満足度最大になる

予定の組み方

1つでも多くのアトラクションを体験したいもの。各施設の空いて
いる時間帯を狙って、1日をうまくスケジューリングしよう。

**混雑のピークを
うまく外せば
もっとずっと楽しめる！**

USJが入場制限で入れないこともあるって本当？

ハロウィーンなどで混雑する日には、当日券販売が一時中止となる「入場制限」や、ゲートで入場者数を制限する「入場規制」がかかることも。前売り券を用意し、実際の開園時間前にゲートに並べば、ほぼ避けられそう。

**チケットブースに
並ばずにすむ
ダイレクトインが
おすすめ！**

**開園1〜2時間以内は
1つでも多くの
アトラクションを攻略**
下に挙げた超人気アトラクション以外はこの時間帯はスタンバイの列が短い。

開園時間の約1〜2時間前にはゲート前に到着

じつは、USJが公式に発表する開園時刻と「実際の」開園時刻は異なる。その日の混雑具合などに合わせて、随時パーク側が判断してゲートをオープンするためだ。現在、平日は15〜60分前、休日・春休みなどは60〜120分前に開園している。

お目当てのアトラクションに急いで並ぶ

〈ニンテンドー・エリア〉も朝イチならフリー入場可能だ。ただし、超人気の《マリオカート》（P4）は朝も混雑する。少しでも出遅れると、逆に長時間待つハメになる。もし出遅れたら、待ち時間が短めの夕方以降を狙おう。

前日まで

開園

公式アプリ入手と入場券登録はマスト！

公式アプリ（P18）があれば、アトラクションの待ち時間やショースケジュールを確認できるだけでなく、e整理券やエリア入場整理券などをその場で取得できる。また、前日までにアプリで入場券を登録しておけば、e整理券の取得がスムーズになり便利！

**公表
されている
開園時間の
1〜2時間前**

人気エリアやアトラクションなどの整理券を入手

必要なら朝イチで入手すること。公式アプリから取得できるe整理券なら、アトラクションの待ち時間などにどこからでも入手できて便利。

チケット購入や情報チェックは前日までにやっておく

●ダイレクトインできるチケットを購入

なるべく事前に、ダイレクトイン（P96）できるチケットを購入しておこう。また、USJの開園時刻は時期や曜日によって変わる。行く日を決め、前売りチケットを入手したら、開園時刻の確認を忘れずに。

●公式アプリをダウンロードして時間を有効活用

前日までに公式アプリをダウンロードしておこう。アプリがあればパークの営業時間や開催イベント、ショーのスケジュール、アトラクションの待ち時間などの情報収集がどこでもできるほか、パーク内ならいつでもどこでもe整理券やエリア入場整理券などが取得可能に。さらに、入場券の登録も前日までに済ませ

ておけば、e整理券やエリア入場整理券などの取得がよりスムーズに行なえる。

端から端まで歩くと10分以上！移動時間も考慮に入れよう

パークは想像以上に広い。たとえばパーク入口から、〈ニンテンドー・エリア〉（P1）の入口までは結構遠く、歩いて約10〜15分はかかる。予定を立てる際には移動時間も考慮しよう。

また、エリア入場整理券（P1）や「よやくのり」（P46）、アトラクション整理券の入手には、わざわざ発券機の場所に行くのではなく、公式アプリを使えばかなりの時短になる。他の待ち列に並んでいる間などに手早く取得できる。

基本攻略法

ランチを取るなら12時前にはレストランに入店

混み合うピークは12〜14時なので、出遅れたら14時以降まで待とう。もしレストランでゆっくりしたいなら、ディナーよりランチに時間をかけるといい。夕方にはアトラクションの待ち時間も短くなる。

15時頃からアトラクション攻略再開

団体客が帰り始めて、混雑がおさまってくる。スマートフォンの公式アプリや「スタジオ・インフォメーション」で待ち時間をこまめにチェックし、空いてきたアトラクションから攻略。

閉園時間より少し前に退園

ギリギリまでパークにいると、帰りの電車や車が大混雑！

 12時
 14時
 15時
 17時
 閉園

昼前から14時頃まではショーを中心に

ライド系の人気アトラクションはこの時間帯にはとても混雑するので避けよう。

ショッピングもなるべく午後早めに

混雑日の夕方以降は、ショップに人が殺到するので帰り際の買い物はやめたほうが無難。

もしパーク内レストランでディナーを取りたい場合は17時頃には入店

おすすめはしない。ディナーにはなるべく時間をかけず、アトラクション攻略に集中しよう。

効率のいい定番コース

新ニンテンドー・エリア対応

人気ライドとショーをバランスよく回る節約コース。一般的な休日の
混み具合を想定しているので、超混雑日には予定を少し削ろう。

開園　開園30分前着でOK

21 ハリウッド・ドリーム・ザ・ライド
30分待ち
入園後、まずは混雑する前に人気ライドを攻略しておこう！

ニンテンドー・エリア
入場整理券取得
並んでいる待ち時間に公式アプリで取得！

10 フライング・スヌーピー
「よやくのり」チケット取得
こちらも公式アプリで事前に確保しておこう

11 フィネガンズ・バー＆グリル
ランチの混雑を避けるため、11時過ぎにはランチを！

31 ジョーズ
30分待ち

28 ユニバーサル・モンスター・ライブ・ロックンロール・ショー
60分待ち

10 フライング・スヌーピー
「よやくのり」利用

23 シング・オン・ツアー
50分待ち

N2 マリオカート ～クッパの挑戦状～
100分待ち
大混雑が予想されるエリアの目玉は、一番に攻略しよう！

ニンテンドー・エリア入場
入場整理券利用

N1 パワーアップバンド・キーチャレンジ
各30分待ち
5つのゲームのうち3つをクリアし、クッパJr.とのボス戦へ！

7 ミニオン・ハチャメチャ・ライド
60分待ち

基本攻略法

〈ニンテンドー・エリア〉堪能コース

時間いっぱい 遊びつくす

〈ニンテンドー・エリア〉(P1) を楽しみつくすコース。
予想外の時間がかかった場合に備え、どれを省くのか考えておこう。

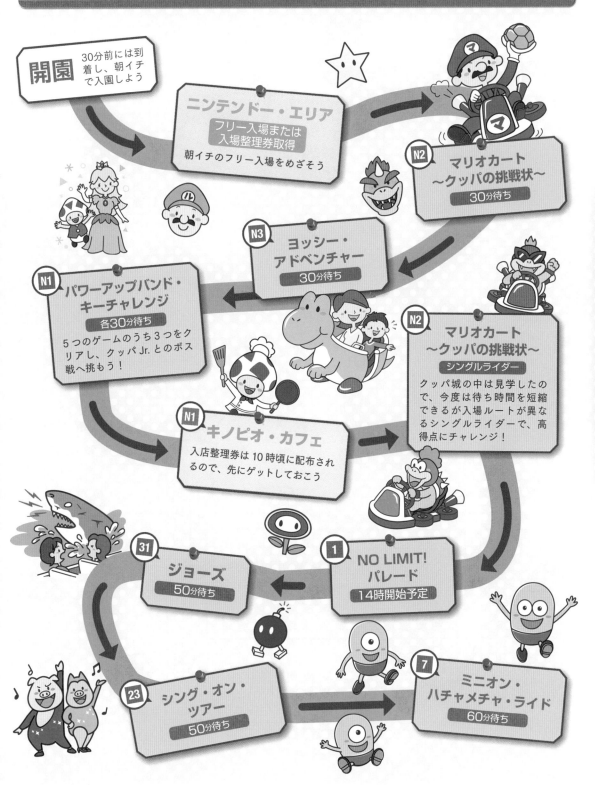

開園 — 30分前には到着し、朝イチで入園しよう

ニンテンドー・エリア — フリー入場または入場整理券取得 — 朝イチのフリー入場をめざそう

N2 マリオカート ～クッパの挑戦状～ — 30分待ち

N3 ヨッシー・アドベンチャー — 30分待ち

N1 パワーアップバンド・キーチャレンジ — 各30分待ち — 5つのゲームのうち3つをクリアし、クッパ Jr. とのボス戦へ挑もう!

N2 マリオカート ～クッパの挑戦状～ — シングルライダー — クッパ城の中は見学したので、今度は待ち時間を短縮できるが入場ルートが異なるシングルライダーで、高得点にチャレンジ!

N1 キノピオ・カフェ — 入店整理券は 10 時頃に配布されるので、先にゲットしておこう

31 ジョーズ — 50分待ち

1 NO LIMIT! パレード — 14時開始予定

23 シング・オン・ツアー — 50分待ち

7 ミニオン・ハチャメチャ・ライド — 60分待ち

基本攻略法

109

混雑日のEパス活用コース

予算&時間たっぷり

休日に「Eパス7〜バラエティ〜」(P101) を利用したコース。
時間指定のアトラクションもあるので注意しよう。

開園 — 開園30分前着でOK

22 ハリウッド・ドリーム・ザ・ライド〜バックドロップ〜 50分待ち

10 フライング・スヌーピー 「よやくのり」チケット取得
混雑日は発券終了になる場合も。早いうちに公式アプリでゲットしよう!

7 ミニオン・ハチャメチャ・ライド Eパス利用

12 パークサイド・グリル レストラン優先案内利用
前日までに「レストラン優先案内」(P103) で予約しておこう!

10 フライング・スヌーピー 「よやくのり」利用

ハリポタ・エリア入場 Eパス利用

2 ハリー・ポッター・アンド・ザ・フォービドゥン・ジャーニー Eパス利用

3 フライト・オブ・ザ・ヒッポグリフ Eパス利用

ニンテンドー・エリア入場 Eパス利用

N3 ヨッシー・アドベンチャー Eパス利用

N2 マリオカート〜クッパの挑戦状〜 Eパス利用
待ち時間短縮で、人気エリアのアトラクションを網羅しよう!

ニンテンドー・エリア散策
ショップを見たり、デジタルスタンプを集めるなどエリア内を散策

29 ザ・フライング・ダイナソー Eパス利用

21 ハリウッド・ドリーム・ザ・ライド Eパス利用
「ハリウッド大通り」は夜景がキレイ。イルミネーションをバックに記念撮影

基本攻略法

休日のファミリーコース

小さい子が一緒

身長制限のないアトラクションや、ショー・パレードなどをメインに、家族で一緒に楽しめるコース。「チャイルドスイッチシステム」も便利。

基本攻略法

111

空模様を
気にしない

雨の日におすすめコース

完全屋内型や屋根のあるライドなど、天候に左右されないアトラクション
を回るコース。平均待ち時間より短めの時間で体験できることも多い。

開園 開園30分前着
でOK

7 ミニオン・
ハチャメチャ・ライド
30分待ち
まずは天候に左右されない室内
の人気ライドを攻略しよう！

23 シング・オン・
ツアー
30分待ち
ショーだけでなく、シアター内
の展示も楽しもう！

31 ジョーズ
30分待ち
雨の暗いなかだと恐怖も倍
増!? ただし前の席、左側の
席は水ぬれ注意！

32 ウォーター
ワールド
60分待ち

1 三本の箒
テラス席はホグワーツ城を
一望できる特等席。イギリ
ス伝統料理を楽しもう！

ハリポタ・
エリア入場

1 オリバンダーの店
エリア全体の混雑が少なめなの
で、ショーの体験やエリア探索
もじっくりできる

2 ハリー・ポッター・
アンド・ザ・フォービ
ドゥン・ジャーニー
60分待ち
雨の日はゲストの数が少なく、
待ち時間も短いのでチャンス！

28 ユニバーサル・
モンスター・ライブ・
ロックンロール・ショー
60分待ち
比較的待ち時間は短いが、いい席で
見たい場合は開演時間を確認して
30分前にはスタンバイしよう！

ハリウッド大通り・
キャノピー付近で
ショッピング
雨の日はおみやげが濡れる可
能性あり。悪天候の日だけは
買い物を一番最後に回そう

基本攻略法

デートが盛り上がる

カップルにおすすめコース

「Eパス4〜XRライド＆セレクション〜」（P101）を活用。
予約は前日までに済ませ、当日は余裕をもって臨もう！

開園 開園30分前着でOK

[21] ハリウッド・ドリーム・ザ・ライド

30分待ち

朝イチであれば待ち時間も短く、人気ライドを攻略できる！

[28] ユニバーサル・モンスター・ライブ・ロックンロール・ショー

30分待ち

[11] フィネガンズ・バー＆グリル

レストラン優先案内利用

デートのランチは落ち着いて食べられるテーブルサービスのレストランで。前日までに「レストラン優先案内」（P103）で確保しておこう！

ハリポタ・エリア入場

Eパス利用

Eパスに付いている〈ハリポタ・エリア〉（P28）の入場確約券は、午後イチのものを取ろう！

[2] ハリー・ポッター・アンド・ザ・フォービドゥン・ジャーニー

Eパス利用

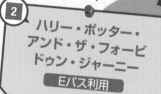

[3] フライト・オブ・ザ・ヒッポグリフ

100分待ち

混雑状況によっては、《オリバンダーの店》（P35）などでの買い物や散策に予定を変更しよう！

ニンテンドー・エリア入場

Eパス利用

ハリウッド大通り・キャノピー付近でショッピング

《マリオ・カフェ＆ストア》（P68）で買い物をしたりかわいいフードを味わうのも楽しい

[N2] マリオカート〜クッパの挑戦状〜

Eパス利用

Eパスを使えば大人気アトラクションも待たずに攻略可能！

[29] ザ・フライング・ダイナソー

Eパス利用

[K2] 鬼滅の刃 XRライド〜夢を駆ける無限列車〜

Eパス利用

基本攻略法

知っておくと安心！
便利な
パーク内サービス

「スタジオ・ガイド」と「ショー・スケジュール」

パーク攻略の前にまず、パークマップと、その日のショー・アトラクションなどのスケジュールを確認しておくことが大事だ。前日までに USJ 公式アプリ（P18）をダウンロードしておけば、スマホ1つでマップとスケジュールをその場で簡単に確認できる。

「？」があったらとにかくゲストサービスでたずねよう

ただし、グリーティングのスケジュールは「ショー・スケジュール」にも載っていないので注意。ゲートを入って左手にある「ゲストサービス」で教えてくれる。

「ゲストサービス」では、遺失物の受付、伝言サービス、郵便物の発送受付、交通情報案内、障がいをもつ人への案内、小学生以下の迷子の保護・問い合わせ窓口など、総合的なサービスを実施している。

スタジオ・インフォメーションでも待ち時間を表示

公式アプリで確認できるアトラクションの待ち時間は電光掲示板「スタジオ・インフォメーション」にもリアルタイムで表示される。《メルズ・ドライブイン》（P69）の前と〈ジュラシック・パーク〉～〈サンフランシスコ・エリア〉間にある橋の付近に設置されている。

スマホを利用していない人はここでアトラクションの混雑具合をチェックしよう。おもなショーの開始時間も表示されている。

荷物はどうしよう!?コインロッカーの種類

コインロッカーはパーク内に2カ所。

1つは〈ハリウッド・エリア〉。入場ゲートを入ってすぐの右側にある。サイズは小型（幅357×奥行453×高さ398mm）で料金は500円。こちらは通常の1回限り利用できるタイプだ。

便利な出し入れ自由なタイプは〈ユニバーサル・ワンダーランド〉の《ハローキティのリボン・ブティック》奥のトイレ前。サイズは幅360×奥行425×高さ300mmで料金は400円（＋デポジット100円）。数が少ないのでかなり早い時間のうちに確保しよう。

利用時間はいずれもパーク開園から閉園まで。それ以後は荷物が取り出され、引き取りは翌日以降「ゲストサービス」になり、超過料金がかかる。

大型ロッカー（幅357×奥行453×高さ802mm、1000円）はパーク外の入場ゲート前両サイドにある。さらに、XL 特大ロッカー（幅536×奥行617×高さ926mm、1500円）はパーク外、エントランス北側にある。

混雑時には駐車場とメインゲートの間にある「ピクニックエリア」付近のコインロッカーも利用できる。

もしパーク内のロッカーが埋まっている場合は、USJのゲストサービスで受け付けている大型荷物有料お預かりサービス（荷物のサイズに関係なく1回1500円）か、ユニバーサル・シティウォーク大阪（UCW）、または、ユニバーサルシティ駅のロッカーを利用しよう。

入場ゲートでは手荷物検査を毎日実施

入場ゲートの手前に検査台が置かれ、手荷物の中身をクルーに見せる「手荷物検査」では、危険物などがないかを荷物の底まで確認される。所要時間は基本的に数十秒程度。おもにチェックされるのは飲食物、危険物、武器（おもちゃなども含む）、自撮り棒などだ。

★★★

一方、ペットボトル（500ml程度）と水筒のもち込みはOK。荷物そのものの重さもチェックされる。

なお、カートやキャリーバッグなどの大きいバッグのもち込みや、盲導犬・介助犬・聴導犬をのぞくペット類の同行は禁止されている。

ファーストエイド（救護室）

エントランスを入って右側。急病やケガをした時にはここへ。

ファミリーサービス

赤ちゃんへの授乳、食事、おむつ交換などができる。粉ミルク用のお湯も用意されている。

「ゲストサービス」のロビー横と、〈ユニバーサル・ワンダーランド〉の《ハローキティのリボン・ブティック》（P120）付近の2カ所にある。

また、ベビーケア用ベッドが各エリアの化粧室に男女各1台、計45台設置。

ベビーフード、紙オムツの販売

ベビーフードは、《スヌーピー・バックロット・カフェ》（P55）、《スタジオ・スターズ・レストラン》（P122）で販売。また、紙オムツは多くのショップで取りあつかっているので、近くのクルーに聞いてみよう。

ベビーカー、車イスのレンタル

ゲートを入って右側のカウンターへ。ベビーカー（リクライニングあり）1人用1100円。ハンドブレーキ付きの車イス1台500円。

落とし物の届出

これまでパーク内で落とし物をした場合、ゲストサービス内の遺失物センターで遺失物の届け出をする必要があったが、スマホで24時間、いつでもUSJ公式サイト内の遺失物登録フォームからも行なえるようになった。

ホームデリバリーサービス

パーク内で購入した商品や荷物を配送する有料の宅配サービス。多くのショップでは、その店で購入した商品の宅配のみを受け付けているが、複数のショップの商品をまとめて送りたい場合は《ユニバーサル・スタジオ・ストア》（P66）で対応してくれる。

梱包はUSJの「オリジナル・ボックス」（別途有料）にて。このダンボールには、USJのキャラクターがたくさん描かれていて、ファンにはたまらないアイテム。丈夫なので、おもちゃ入れなどにする人もいる。

免税サービス

6カ月未満滞在の外国人旅行者は、パーク内物販店舗での買い物が免税となる（一部カートなどをのぞく）。パスポートの提示、対象金額以上の購入が必要。

オリジナルシール

クルーに声をかければUSJオリジナルのシールがもらえる（もっていないクルーもいる）。期間限定のものなどいろいろな種類がある。また、誕生日の場合は、バースデーシールがもらえる。

★ USJ 問い合わせ先一覧 ★

**ユニバーサル・スタジオ・ジャパン
インフォメーションセンター**
☎0570-20-0606
【オペレーター対応時間】
終日／9:00 ～ 17:00

USJ 公式サイト（ホームページ）
●パソコン用サイト
https://www.usj.co.jp/
●スマートフォン用サイト
https://s.usj.co.jp/enjoy/app/
※USJ公式ガイドアプリは、スマートフォン用サイトからダウンロードできます。

UNIVERSAL

パーク内サービス

活用するならUSJ提携ホテル
丸1日USJにひたれる ホテル選び

パーク外でもUSJ気分を たっぷり満喫できる!

　最近は、WEBでチケットが購入できることや公式アプリの登場によって、ホテルで入園チケットやEパスを買えることのメリットがかなり小さくなってきている。しかし、公式ホテルにはUSJのキャラクターをモチーフにした客室があったり、USJオリジナルグッズが買えたりと、パーク外でもUSJ気分を満喫できるという他にはない魅力がある。

　USJには現在23軒の提携ホテルがある。提携内容によって、「オフィシャルホテル」「アライアンスホテル」「アソシエイトホテル」の3つに分けられる。特典がもっとも充実しているのは「オフィシャルホテル」だ。なお、ホテルでチケットを買う際は、ホテルによってあつかうチケットの種類が異なるので注意。

オフィシャルホテル一覧

●オリエンタルホテル ユニバーサル・シティ
TEL 0570-051-153　◎大阪市此花区島屋6-2-78

●ザ シンギュラリ ホテル & スカイスパ アット ユニバーサル・スタジオ・ジャパン
TEL 06-4804-9500　◎大阪市此花区島屋6-2-25

●ザ パーク フロント ホテル アット ユニバーサル・スタジオ・ジャパン
TEL 06-6460-0109　◎大阪市此花区島屋6-2-52

●ホテル近鉄ユニバーサル・シティ
TEL 06-6465-6000　◎大阪市此花区島屋6-2-68

●ホテル京阪 ユニバーサル・タワー
TEL 06-6465-1001　◎大阪市此花区島屋6-2-45

●ホテル ユニバーサル ポート
TEL 06-6463-5000　◎大阪市此花区桜島1-1-111

●ホテル ユニバーサル ポート ヴィータ
TEL 06-6460-8000　◎大阪市此花区島屋6-1-16

●リーベルホテル アット ユニバーサル・スタジオ・ジャパン
TEL 06-6462-3333　◎大阪市此花区桜島1-1-35

JTBプランを活用して オフィシャルホテルに宿泊

アトラクション攻略が有利となるお得な宿泊プランがある。

「アーリー・パークイン」

　JTBで宿泊予約すると、開園時刻より15分早くパークへ入園できる。1泊につき1回、宿泊日の翌日に利用可。アトラクションの体験は開園時刻以降だが、一般ゲストより早く並べるので有利だ。朝食を早めにしたり、パークで使えるミールクーポンに変更することもできる。

「スタジオ・パス付プラン」

　JTBから、〈ニンテンドー・エリア〉(P1)を楽しめる2つのプランが登場。1つは〈ニンテンドー・エリア〉の入場確約券がゲットできるプラン。もう1つは基本料金に追加料金を支払うと、Eパス1が付いてくる「エンジョイプラン」。そのEパスを使う対象は、8つのアトラクションから1つ選べる。

食事に、買い物に何かと使える！

ユニバーサル・シティウォーク大阪（UCW）を活用しよう！

駅とUSJをつなぐ、エンターテインメントスポット「UCW」。
パークへ行くならぜひコチラもチェックしておこう。

大型店もうまく利用すればもっとUSJが楽しくなる

JRユニバーサルシティ駅とUSJに直結した、大型の複合商業施設がUCWだ。

1・2階は駐車場で、3〜5階のフロアに50店舗ほどの飲食店やショップが入っている。

パーク閉園後に、夕食を取ったり、カフェでひと休みしたり、おみやげ選びをするのに最適なスポットだ。また、もしパークで「入場制限」を受けてしまったら、ここで食事やショッピングを楽しみながら制限解除を待とう。

『ユニバーサル・スタイル・ストア』

USJ最新トレンドのグッズがそろっているので、ここに来れば今の流行がひと目でわかる。朝8時からオープンしているのもありがたい。パークに入る前にここに寄って、自分好みのコーディネイトを組もう。

「ユニバーサル・スタジオ・ストア」

ハリポタやミニオンなど人気のグッズは一通りそろっていて、朝早くから開いている。パーク内で身に着けるアイテムを準備するために立ち寄ってもよいだろう。

駅とつながる3階フロアには、キャラクター関連のグッズやアクセサリー、4階フロアではお菓子やぬいぐるみなどが多く販売されている。

「ハードロックカフェ」

世界50カ国に展開するアメリカンレストランで、ステーキやハンバーガーなどボリューム満点の料理を楽しめる。

広い店内には有名ロックスターのギターや衣装が数多く飾られ、"ロックの博物館"としても有名。アメリカにいるような雰囲気を満喫できる。

「ババ・ガンプ・シュリンプ」

映画『フォレスト・ガンプ』をテーマにした海外でも人気のアメリカンシーフードレストラン。ハリウッドテイストの雰囲気の店内で、エビを中心にしたアメリカ南部料理を味わえる。誕生日などの記念日のお祝いは、予約なしでも対応可能。

便利グッズはここでゲット！

忘れものをしてもコンビニの「ローソン」があるから安心。また、駅にも「セブンイレブン」がある。デジカメのメモリースティックや携帯電話の充電器など、パーク内で必要になりそうなものがそろう。

ドラッグストアの「マツモトキヨシ」にも、医薬品、日用雑貨、旅行セットなど備えておきたいものが充実している。冬は待ち時間の寒さ対策にカイロもゲットしておきたい。

大阪らしいおみやげなら

「Little OSAKA」は、関西限定グッズをはじめ、大阪らしい商品を取りそろえたショップ。昔懐かしい大阪のお菓子、「ぐりこ・や」限定商品、お笑いスターのキャラクターグッズや大阪弁グッズなど、個性的なものがいっぱい。

フォトスポットがいっぱい

巨大なブルーゴリラの看板やダンスホールのようなエントランス、ビリケンさん、映画『フォレスト・ガンプ』のベンチなど、写真撮影にぴったりの場所がいっぱいなので、探してみよう。

117

エリア名	地図の番号	掲載ページ	名称	Eパス	よやくのり	チャイルドスイッチ	シングルライダー	
スーパー・ニンテンドー・ワールド	N1	2	パワーアップバンド・キーチャレンジ					
	N2	4	マリオカート〜クッパの挑戦状〜	●		●	●	
	N3	6	ヨッシー・アドベンチャー	●		●		
パレード	1	12	NO LIMIT! パレード					
ウィザーディング・ワールド・オブ・ハリー・ポッター	2	30	ハリー・ポッター・アンド・ザ・フォービドゥン・ジャーニー	●		●	●	
	3	31	フライト・オブ・ザ・ヒッポグリフ	●		●		
	4	32	ホグワーツ・キャッスルウォーク					
	5	34	野外ステージショー					
	6	35	ワンド・マジック					
ミニオン・パーク	7	40	ミニオン・ハチャメチャ・ライド	●		●	●	
	8	41	ミニオン・ハチャメチャ・アイス			●		
	9	41	ミニオン・グリーティング					
ユニバーサル・ワンダーランド	10	46	フライング・スヌーピー		●	●		
	11	47	スヌーピー・サウンド・ステージ・アドベンチャー					
	12	48	ハローキティのリボン・コレクション					
	13	48	ハローキティのカップケーキ・ドリーム			●		
	14	49	ビッグバードのビッグトップ・サーカス			●		
	15	49	エルモのリトル・ドライブ					
	16	50	エルモのバブル・バブル		●	●		
	16	50	モッピーのラッキー・ダンス・パーティ					
	16	51	エルモのイマジネーション・プレイランド					
	17	52	エルモのゴーゴー・スケートボード		●	●	●	
	18	52	セサミのビッグ・ドライブ					
	19	53	セサミ・セントラルパークプレイランド					
	20	54	モッピーのバルーン・トリップ		●	●		
ハリウッド・エリア	21	60	ハリウッド・ドリーム・ザ・ライド	●		●	●	
	22	61	ハリウッド・ドリーム・ザ・ライド〜バックドロップ〜	●		●		
	23	62	シング・オン・ツアー	●				
	24	63	シュレック 4-D アドベンチャー			●		
	25	63	セサミストリート 4-D ムービーマジック					
	K2	15	鬼滅の刃 XRライド〜夢を駆ける無限列車〜	●		●	●	
	27	64	プレイング・ウィズおさるのジョージ					
	28	65	ユニバーサル・モンスター・ライブ・ロックンロール・ショー					
ジュラシック・パーク	29	78	ザ・フライング・ダイナソー	●		●	●	
	30	79	ジュラシック・パーク・ザ・ライド	●		●	●	
アミティ・ビレッジ	31	84	ジョーズ	●		●	●	
ウォーターワールド	32	88	ウォーターワールド					

色は混雑度ランクを示す　低 →　☐→☐→☐→☐→☐ → 高

体験時間／公式（分）	実質体験時間（分）	身長制限／同伴者あり（cm）*1	身長制限／1人で利用（cm）*1	対象年齢（歳）	妊婦制限	体調制限	座って休める	水濡れ	ライド系	ショー系	スリル系	なごみ系	開催回数	混雑度順位*2
								ナシ					自由	
5		107	122		●	●		ナシ	●				随時	6
5		92	122		●	●		ナシ	●				随時	8
50	25							ナシ		●			定時	
5	15	122	122		●	●		小	●		●		随時	3
2	4	92*3	122*3		●	●		ナシ	●				随時	7
―	15					●		ナシ				●	自由	
各10	各10							ナシ		●			定時	
3	3							ナシ					自由	
25	25	102	122		●	●		ナシ	●				随時	9
1.5	5	92	122		●	●		ナシ	●				随時	15
―	―							ナシ		●		●	定時	
2	3	92	122		●	○*6		ナシ	●			●	随時	10
40	40			～12				ナシ				●	自由	
10	10			3～6	○*6			ナシ				●	随時	21
2	3		122		●	○*6		ナシ	●			●	随時	24
2	4		122		○*6	○*6		ナシ	●			●	随時	22
2	4			3～6		○*6		ナシ	●			●	随時	23
3	3	92	122		●	○*6		小	●				随時	11
20	20			～12				ナシ				●	定時	
60	60			*5				ナシ				●	自由	
2	4	92	122		●			ナシ	●		●		随時	14
3	4			6～12		●		ナシ	●				随時	25
30	40			*5				大				●	自由	
2	4	92	122		●			ナシ	●				随時	17
3	10	132	132		●	○*6		ナシ	●		●		随時	5
3	10	132	132		●	○*6		ナシ	●		●		随時	2
20	15					●	●	ナシ		●		●	随時	16
20	25					●	●	小		●		●	随時	20
20	25					●	●	小		●		●	随時	19
10	10	122	122		●			ナシ	●		●		随時	1
20	15						●	ナシ		●		●	定時	18
30	30						●	ナシ					定時	
3	10	132*4	132*4		●	●		ナシ	●		●		随時	4
7	10	107	122		●	●		大	●		●		随時	13
7	7		122		●	●		大	●				随時	12
20	30					●	●	大		●			定時	

*1 表記の身長以上必要　*2 順位はおもに随時開催の主要アトラクションのみ　*3 195cm以下であることも必要
*4 198cm以下であることも必要　*5 アトラクション別に奨励年齢あり　*6 要相談

早見表

エリア名	地図の番号	掲載ページ	名称	ジャンル	
スーパー・ニンテンドー・ワールド	N1	7	ワンナップ・ファクトリー	マリオグッズ	
	N2	7	マリオ・モーターズ	マリオグッズ	
	N3		マリオ&ルイージ・フォト・オポチュニティ	写真撮影	
	N4		プリンセスピーチ・フォト・オポチュニティ	写真撮影	
	N5		フォトカウンター	写真引き取り	
ウィザーディング・ワールド・オブ・ハリー・ポッター	1	35	オリバンダーの店	杖	
	2	36	グラドラグス魔法ファッション店	衣料品	
	3	36	ダービシュ・アンド・バングズ	クィディッチ用品、魔法魔術学校制服	
	4	37	ハニーデュークス	菓子	
	5		ゾンコの「いたずら専門店」	おもちゃ	
	6	36	フィルチの没収品店	ハリー・ポッターグッズ	
	7		ふくろう便＆ふくろう小屋	ふくろうグッズ、レターグッズ	
	8	36	ワイズエーカー魔法用品店	文具、魔法魔術学校制服	
	9		ホグワーツ特急のフォト・オポチュニティ	写真撮影	
ミニオン・パーク	10	56	スペース・キラー	ゲーム	
	11	56	バナナ・カバナ	ゲーム	
	12	42	デリシャス・ミー！フォト・オポチュニティ	写真撮影	
	13	42	ファン・ストア	ミニオングッズ	
	14	42	ミニオンズ・ポップ・ショップ	ミニオングッズ	
	15	42	スウィート・サレンダー	菓子、小物	
ユニバーサル・ワンダーランド	16	54	スヌーピー・スタジオ・ストア	スヌーピーグッズ、似顔絵	
	17		ハローキティのリボン・ブティック	ハローキティグッズ	
	18		セサミストリート・キッズ・ストア	セサミストリートグッズ	
	19	56	バート&アーニーのプロップショップ・ゲーム・プレイス	ゲーム	
ハリウッド・エリア	20	67	イッツ・ソー・フラッフィ！	ミニオン関連グッズ	
	21		イルミネーション・シアター・ストア	キャラクターグッズ	
	22	67	カリフォルニア・コンフェクショナリー	菓子	
	23	66	キャラクターズ・フォー・ユー	セサミストリートグッズ	
	24		シネマ 4-D ストア	キャラクターグッズ	
	25	67	スタジオスタイル	ミニオングッズ	
	26		スタジオギフト・イースト*3	キャラクターグッズ	
	27		スタジオギフト・ウエスト	キャラクターグッズ	
	28		スペース・ファンタジー・ステーション	キャラクターグッズ	
	29	68	マリオ・カフェ&ストア	キャラクターグッズ	
	30		バックロット・アクセサリー	アクセサリー	
	31	66	ハローキティ・デザインスタジオ	ハローキティグッズ	
	32	66	ピーナッツ・コーナーストア	スヌーピーグッズ	
	33	67	ビバリーヒルズ・ギフト	パークイングッズ	
	34	67	ロデオドライブ・スーベニア	キャラクターグッズ	
	35	66	ユニバーサル・スタジオ・ストア	総合	
	36		ユニバーサル・スタジオ・セレクト	キャラクターグッズ	
ニューヨーク・エリア	37	56	フェスティバル・イン・ザ・パーク	ゲーム	
	38		フォーティセカンド・ストリート・スタジオ〜グリーティング・ギャラリー〜	写真撮影	
	39	72	ユニバーサル・スタジオ・スーベニア	キャラクターグッズ	
ジュラシック・パーク	40	80	ジュラシック・アウトフィッターズ	恐竜・化石グッズ	
	41		フライング・ダイナソー・フォト	写真引き取り	
	42		ジュラシック・パーク・ザ・ライド・フォト	写真引き取り	
アミティ・ビレッジ	43	56	アミティ・ボードウォーク・ゲーム	ゲーム	
	44	85	アミティ・アイランド・ギフト	ジョーズグッズ	
	45		ジョーズ・フォト	写真撮影	

*1　△は各店で購入したグッズのみ、その店から発送可能　*2　12月31日のみ、パーク閉園時間の17時にパーク内の全店が閉店する

宅配 *1	オープン時間が遅い	閉園時間後もしばらく営業 *2	スーベニア・メダリオン設置	品ぞろえ豊富	キャラクターグッズ充実	衣料品充実	菓子品充実	ベビー用品充実	カワイイ系グッズ	カッコイイ系グッズ	ユニークグッズ	特徴
				●	●	●			●		●	マリオの人気キャラなりきりグッズが豊富
					●					●		かっこいいマリオカート関連のグッズが充実
												マリオとルイージに囲まれて楽しく記念撮影
												かわいいピーチ姫と並んで記念撮影ができる
												ライド中やキャラクターと撮った写真を販売
				●							●	自分だけの杖に出会える"魔法の杖"専門店
						●			●	●		おしゃれファッションアイテムが充実
					●	●					●	ちょっとユニークな魔法用品がズラリ
							●		●			オモシロみやげが並ぶお菓子専門店
											●	いたずら道具やジョークグッズの専門店
				●	●	●				●		品ぞろえNo.1。ホグワーツ城内の人気店
					●				●			ホグズミード村の消印付きの手紙が送れる
					●	●						ホグワーツ生になりきるグッズはここで
	●											映画を再現した座席で記念撮影できる
									●			的をよーく狙ってボールを発射！
												テクニック重視、バナナをヤシの実にIN！
												巨大ミニオンたちと記念撮影！
				●		●		●	●		●	ミニオンのぬいぐるみや衣類の品ぞろえが豊富
					●	●				●		"かっこかわいい"系のミニオングッズメイン
				●		●	●		●			かわいいスイーツモチーフのグッズ多め
△			●		●	●	●		●			スヌーピーグッズを買うならココ！
△					●				●			おしゃれアイテム豊富なピンクがテーマのお店
△			●		●	●		●	●		●	乳幼児向けのセサミキャラグッズが豊富
	●								●			勢いを抑えてボールをワンバウンドさせよう
△					●	●			●			「フラッフィ」グッズの専門店
					●				●			『SING』『ペット』関連のグッズを取り扱う
△			●	●		●	●					パーク内で販売中のお菓子のほとんどが並ぶ
△			●		●				●		●	セサミストリートグッズの専門店
△			●		●	●			●		●	年齢を問わず人気のグッズや期間限定のものも
△			●		●				●	●		ミニオングッズの店のなかでは比較的空いている
●	●											メインゲート外にあり閉園後も買い物できる
△					●							免税手続きをするならここへ
△					●	●			●			カチューシャや帽子などなりきりグッズ豊富
△					●							おしゃれなマリオグッズがいっぱい！
△					●				●			手軽に変装できるかわいい着用グッズがズラリ
△			●	●					●			ここだけのキティグッズが人気！
△			●	●					●			最新のスヌーピーグッズを取り扱う
△			●							●		身に着けると楽しくなるパークイングッズの専門店
△			●	●		●			●		●	専門店がないキャラのグッズはここで探そう
●			●	●					●		●	No.1の面積と品ぞろえ。おみやげ選びに最適
△				●		●			●		●	映画関連のグッズや身に着けるものが充実
	●								●			大人も子どもも楽しめる4種類のゲーム
												ミニオンとスヌーピーをひとり占め！
●					●	●			●	●	●	売れ筋グッズランキングが買い物の参考になる
△			●		●					●	●	他にはない恐竜グッズが充実
												ライド中に撮った記念写真を販売
												ライド中に撮った記念写真を販売
									●			大人も子どもも楽しめる2種のカーニバルゲーム
△			●	●		●			●		●	恐ろしいジョーズのかわいいグッズが充実
	●											「ハイ、ジョーズ！」で巨大ザメと写真撮影

*3 ゲート外にあるので、入園前と退園後しか利用できない

エリア名	地図の番号	掲載ページ	名称 特徴	おもな料理ジャンル	
スーパー・ニンテンドー・ワールド	N1	6	キノピオ・カフェ ユニークな料理を楽しめるパーク最大席数の店	洋食	
	N2	6	ヨッシー・スナック・アイランド 食べごたえのある軽食が魅力の隠れ家的な店	スナック、ドリンク	
	N3		ピットストップ・ポップコーン ユニークなバケツに入ったポップコーンが買える	ポップコーン	
ウィザーディング・ワールド・オブ・ハリー・ポッター	1	37	三本の箒 テラス席からはホグワーツ城が一望できる！	英国料理	
	2		ホッグズ・ヘッド・パブ イノシシが目印の　ドリンクスタンド	ソフトドリンク、アルコール	
ミニオン・パーク	3	43	デリシャス・ミー！　ザ・クッキー・キッチン 味◎写真映え◎なクッキーサンドのお店	クッキーサンド	
ユニバーサル・ワンダーランド	4	55	スヌーピー・バックロット・カフェ スヌーピーがいっぱいの比較的広いカフェ	パスタ、サンドウィッチ	
	5		ハローキティのコーナーカフェ パッケージもかわいいテイクアウトに最適！	スナック、ドリンク	
ハリウッド・エリア	6		スタジオ・スターズ・レストラン 好きなメニューを選んでワンプレートをつくれる	洋食	
	7	69	ビバリーヒルズ・ブランジェリー 終日営業していて、軽食メニューが充実	サンドウィッチ、スイーツ	
	8	68	マリオ・カフェ＆ストア 写真映えするケーキやドリンクが楽しめる	パンケーキサンド、ドリンク	
	9	69	メルズ・ドライブイン 混雑日にも利用しやすいハンバーガーショップ	ハンバーガー	
ニューヨーク・エリア	10	73	SAIDO パーク内唯一の本格的な和食レストラン	和食	
	11	73	フィネガンズ・バー＆グリル 多彩なお酒とアイルランド料理が味わえる	アイルランド料理	
	12	73	パークサイド・グリル パーク随一のロケーションとステーキが楽しめる	グリル料理	
	13		アズーラ・ディ・カプリ 石窯で焼き上げる本格派ピッツァが目玉	ピッツァ	
	14	73	ルイズ N.Y. ピザパーラー クリスピーなピッツァが自慢のイタリアン	パスタ、ピッツァ	
サンフランシスコ・エリア	15		ロンバーズ・ランディング 期間限定オープンで時期によってメニューが違う	イベントコラボメニュー	
	16	74	ザ・ドラゴンズ・パール 料理のボリュームが魅力！　唯一の中華料理店	中華料理	
	17	74	ハピネス・カフェ ミニオンが隠れた料理を食べればハッピーに！	洋食	
	18		ワーフカフェ 趣向を凝らした料理を気軽に楽しめるスタンド	スナック、ドリンク	
ジュラシック・パーク	19	80	ディスカバリー・レストラン 肉食系のメニューを豪快にどんぶりで食べる	グリル料理	
	20		フォッシル・フュエルズ 定番はソフトクリーム。休憩におすすめ	ソフトクリーム、スナック	
	21		ロストワールド・レストラン ボリューム満点のサンドウィッチは食べごたえバツグン！	サンドウィッチ、ハンバーガー	
アミティ・ビレッジ	22		アミティ・アイスクリーム 冷たいデザート以外にホットドリンクもある	アイスクリーム	
	23	85	アミティ・ランディング・レストラン 食事だけでなく休憩にも使える穴場	サンドウィッチ	
	24		ボードウォーク・スナック 手軽に食事ができる海沿いのスナックスタンド	スナック	

※フードカートなどは除く

早見表

サービス形式	予算目安	予約可能 *1	キッズメニュー	低アレルゲンメニュー	アルコールメニューが充実	スイーツが充実	テイクアウト向きメニュー	座席の場所	トイレ	遅くまでオープン
テーブルサービス	2200〜3000円		●			●		内		
スナックスタンド	700〜850円						●	なし		
スナックスタンド							●	なし		
ファストフード	2200〜3000円		●	●		●		内外		●
スナックスタンド	700円				●		●	なし		●
ファストフード	550〜650円						●	なし		
ファストフード	1450〜2000円		●	●		●	●	内外	●	
スナックスタンド	650円						●	外		
カフェテリア	1800〜2000円		●	●				内外	●	●
カフェテリア	1100〜1900円					●	●	内外		●
ファストフード	600〜1000円					●	●	内外		
ファストフード	1650〜1900円	○	●	●			●	内外	●	●
テーブルサービス	3000〜4200円	◎	●	●	●			内	●	
テーブルサービス	2500〜3500円	◎	●	●	●	●		内	●	
テーブルサービス	3000〜6000円	◎	●	●		●		内外	●	
テーブルサービス	2700〜3500円	◎		●	●			内外	●	
カフェテリア	1450〜2000円		●	●	●		●	内外		●
テーブルサービス	6000円	●	●		●			内	●	
カフェテリア	1600〜2000円		●	●				内外		
カフェテリア	2000〜2200円		●	●		●		内		
スナックスタンド	600円						●	外		
ファストフード	1700〜2000円		●	●				内外	●	
スナックスタンド	1000円					●	●	外		
ファストフード	1700〜2000円		●					内	●	
ファストフード	400円〜					●	●	外		
ファストフード	1550〜2000円		●	●			●	内外	●	
ファストフード	700〜1300円						●	外		

*1 ●……「レストラン優先案内」（P103）が利用できる
◎……「レストラン優先案内」と「バーチャルキューライン」（P103）が利用できる
○……スマホ de オーダー（P19）が利用できる

早見表

USJへ行く最適ルートや近隣駐車場は？

アクセス情報

USJは大阪市此花区桜島、大阪湾に流れ込む安治川近くに位置している。最寄り駅はJRゆめ咲線のユニバーサルシティ駅で、駅から徒歩約3分。各方面からの公共機関を使ったアクセスは、鉄道、直行バス、船の利用が可能だ。

大勢の時や大荷物の時には車での移動が楽だが、USJのオフィシャル駐車場はゲートまで結構距離があるので要注意。また、閉園後はゲストが一斉に退出するため、駐車場を出るまでかなりの時間がかかる場合もある。余裕をもって行動したいところだ。

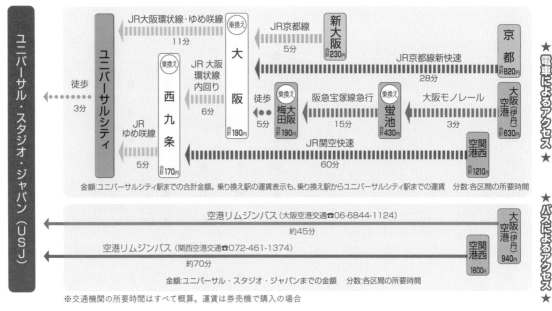

オフィシャル駐車場

ゲートまでは徒歩10分程度

駐車場はとても広いので、駐車した場所をメモしておこう！

自転車置き場

パーク入口

ユニバーサル・シティウォーク大阪駐車場

阪神高速道路

桜島第3駐車場

桜島第4駐車場